直销规范读本

ZHIXIAOGUIFANDUBEN

第二版

主编 ● 艾家凯

经济管理出版社

ECONOMY&MANAGEMENT PUBLISHING HOUSE

图书在版编目（CIP）数据

直销规范读本/艾家凯主编. — 2版. — 北京：经济管理出版社，2019.12
ISBN 978-7-5096-3781-4

Ⅰ.①直… Ⅱ.①艾… Ⅲ.①直销—方法 Ⅳ.①F713.32

中国版本图书馆CIP数据核字（2019）第267043号

组稿编辑：何 蒂
责任编辑：何 蒂
责任印制：黄章平
责任校对：陈晓霞

出版发行：经济管理出版社
　　　　　（北京市海淀区北蜂窝8号中雅大厦A座11层　100038）
网　　　址：www.E-mp.com.cn
电　　　话：（010）51915602
印　　　刷：北京玺诚印务有限公司
经　　　销：新华书店
开　　　本：720mm×1000mm/16
印　　　张：15.5
字　　　数：207千字
版　　　次：2019年12月第1版　2019年12月第1次印刷
书　　　号：ISBN 978-7-5096-3781-4
定　　　价：68.00元

编委会成员

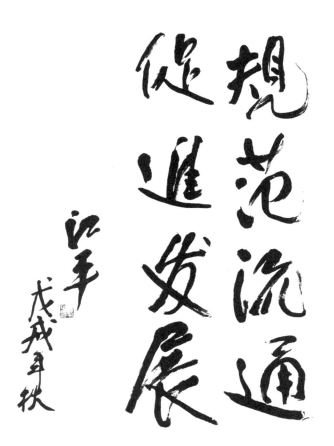

规范流通 促进发展

江平

戊戌年秋

江平：中国政法大学原校长

规范直销

促进发展

李建中

李建中：国家工商行政管理局原副局长

序 | 规范之路
任重而道远

可以说，在我国，直销行业发展之路，就是一条艰苦卓绝的规范监管之路。规范之路任重道远。

2019年，是我国直销行业法制化的第14年。

2018年4月，国家市场监督管理总局连续颁发了第7号、第8号、第9号三个文件，就规范直销、打击传销进一步明确了政策要求，为直销行业的规范发展进一步指明了方向。

大家知道，政府指导直销行业规范的依据是《直销管理条例》。这一条例实施以来，政府始终以确保直销市场的有序健康作为直销行业规范的主要任务，把维护经济社会稳定和保护广大消费者合法权益作为直销行业规范的主要目的。有的直销企业认为，政府规范直销行业说到底是对这个行业采取限制政策。其实这种想法是错误的。政府对直销行业的规范不是限制这个行业的发展，而是为了确保直销市场的有序健康。这是政府规范直销行业的一个主要任务。目前，我国直销行业发展不规范的一个主要表现是直销市场没有实

现有序。比如，一些直销企业运用传销思维开展直销，甚至把一些传销组织也挂靠到企业，依靠"拉人头"实现业绩的增长，从而破坏了直销市场的正常运转，出现了"一伤"（伤害直销人员）、"二坑"（坑害直销人员利益、坑害消费者利益）、"三乱"（企业治理混乱、企业营销队伍混乱、直销市场混乱）的非正常情况。最近国家市场监管总局和地方市场监管部门对这些违规的直销企业进行了批评，要求他们加强管理确保企业自律，实现直销市场的规范化运作。所以，从根本上说，政府规范直销行业的主要任务就是为了确保直销市场的有序健康。对于这一点，直销企业必须要有十分清醒的头脑，自觉规范直销行为，以实现整个直销行业的有序发展。

政府规范直销行业的主要目的，是维护经济社会的稳定和保护广大消费者的利益。有的直销企业认为，《直销管理条例》还不是十分完善，政府加大直销规范力度的同时会给有关部门带来以权徇私的空间。甚至少数地方的市场监管机关在直销监管中确实有以权谋私的情况，但是我们看到大多数市场监管机关对直销的监管不是为了自己单位的利益，而是为了维护经济社会的稳定和保护广大消费者的利益。我们要知道，直销行业是一个涉众行业，目前从事直销工作的人数超过2000万，相当于我国台湾省的人口。目前我国正处在社会转型期，同时又是社会矛盾高发期，如果直销企业在经营中出现违规行为，就会严重影响直销人员的群体利益，稍有不慎，就会引发大的社会问题。所以，政府规范直销行业更多的是从确保社会经济稳定的角度出发。同时，保护广大消费者的利益也是政府规范直销行业的目的之一。因为只有行业规范了，消费者的利益才能得到最大限度的保护。

认真学习国家市场监管总局的三个文件，我们要认识到国家改革直销监管体制的政策含义。应该说，直销行业在发展初期垂直监管体制发挥了积极作用，但也暴露出许多问题。比如，直销监管"垂"而不"直"的问题一直没有得到很好解决，国家与地方监管机关在直销监管中还存在职责不清、监管不到位等情况。为了增强直销监管工作的有效性，必须要明确地方政府的工作职责，加大地方政府直销监管的责任。同时，国家市场监督管理总局不能越俎代庖，应该充分调动地方直销监管机关的积极性、创造性和主动性。因此，在直销监管中，国家市场监督管理总局以宏观指导为主，地方相关机关对直销企业实行直接监管。国家市场监督管理总局的三个文件已传递出这方面的政策意图。

最近地方政府严肃查处了几起直销企业违规涉传案件，因此有的人认为，市（地）县直接监管直销企业，会给直销企业增加公关的成本，直销行业发展将越来越困难。我们要知道，地方政府对直销企业的健康发展是有责任的，如果直销企业在当地经营出现了违规或涉嫌传销的情况，就会影响当地社会经济的稳定和发展，必须由政府对直销企业进行有效的监管。至于公关成本增加的说法则是经常违规的直销企业才应该担心的。如果直销企业严格按照《直销管理条例》的规定开展业务，根本就不会有这样的担心。诚然，可能有的地方会出现乱罚款的现象，但如果直销企业规范经营，就可

以依法维护自己的权益。总之，只有理解和领会了政府对直销行业的基本政策要求，直销企业才能通过加强自律，自觉执行直销法规，进而促进整个直销行业的健康发展。

当前，网络传销出现了一些新形态。

一是假借"招商加盟""网络营销""多层分销"等名义，以所谓的高新技术产品销售、代理为诱饵，鼓吹高额佣金、收益回报，利用微信、微商平台发展下线人员，以人头数量计算报酬的传销骗局。

二是以"消费返利""消费多少返多少""免费购物""购物报销"为噱头，采取拉人头方式骗取会员加入，实际是用后续加入人员的缴费来维系返利的传销骗局。

三是打着"慈善互助""爱心慈善事业""股权投资""消费养老"的幌子，开设专门的网站平台，许诺高额回报，引诱群众拉人加入的传销活动。

四是打着"旅游直销""低价旅游""边旅游边赚钱"的旗号，以赚取佣金、旅行积分和免除月费为诱饵，鼓动参与者发展下线的传销活动。

五是借助"xx币""xx理财"等虚构道具，鼓吹数倍于本金的高额收益，设置推荐奖、碰对奖等奖金制度，引诱投资者发展他人加入的传销骗局。

因此，更加显示出规范工作的重要性。相关部门执法要严格，对于触犯《直销管理条例》的情况一个都不放过，长此以往，直销行业的经营环境必将得到净化。

　　总之，基于上述情况，我们在2006年出版的《直销规范读本》基础上，时隔13年之后，再次修订出版，目的就是要跟踪国家监管和规范直销行业的动态，帮助直销企业进一步强化规范意识，指导其进行主动性、常态化的规范行为。

艾家凯

2019年11月11日

目 录
contens

第一章 直销的定义及直销产业的发展历程

第一节 直销的定义与原理 …………………………………… 003

一、直销是什么 ………………………………… 004

二、直销的原理、特点与优势 ………………… 005

第二节 直销行业的起源与发展 …………………………… 007

一、直销的起源 ………………………………… 007

二、直销在中国的发展之路 …………………… 009

第三节 直销的社会价值 …………………………………… 013

一、拉动内需，促进商品流通，活跃市场经济 …… 013

二、提供较多就业机会，解决社会就业压力 ……… 014

三、增加地方税收，繁荣当地经济 ……………… 015

四、传播健康观念，提升文明水平 ……………… 015

五、培养精英人才，提高人民素质 ……………… 015

六、个人价值：为直销参与者带来五大收益 ……… 016

七、专家总结：直销产业的七大贡献 …………… 016

第四节　中国直销产业取得的发展成果 …………………… 018

一、总体成果 ………………………………………… 019

二、从数字看发展 …………………………………… 020

三、直销批牌数量节节攀升 ………………………… 028

四、直销从业人员 …………………………………… 028

五、中国直销行业接轨"一带一路"倡议 ………… 032

第五节　中国直销产业的发展有巨大空间与美好前景 …… 035

一、从人口基数来看 ………………………………… 035

二、从直销企业数量来看 …………………………… 035

三、政策底蕴：直销管理环境大大变好 …………… 035

四、舆论底蕴：直销行业的社会口碑越来越好 …… 036

五、参与热度：出现了两大可喜现象 ……………… 036

第六节　未来直销"黄金十年"，中国直销的发展方向 …… 036

一、政策宽松新常态，直销企业数量持续增长，探索行
业组织监管和自律 ……………………………… 037

二、健康产业持续扩大，直销成为大健康的重要营销
方式 …………………………………………… 037

三、中国成为全球第一大直销市场，新技术新工具应用
引领潮流 ………………………………………… 038

四、品牌化与平台化 ………………………………… 038

五、中医中草药养生保健与美容产业跃居行业主流 … 039

六、新零售方式融合到直销产业，使行业焕发更大的
生机 …………………………………………… 039

七、新零售新业态的机遇来临 ……………………… 040

八、新零售时代的到来无疑也给直销带来了挑战 …… 040

第二章 中国直销发展存在的问题

第一节 规范化之殇——影响深远的大案 ················· 045

　　一、臭名昭著的"1040阳光工程" ················· 045

　　二、"太平洋直购"传销大案 ················· 054

　　三、"善心汇" ················· 055

　　四、云联惠传销 ················· 057

　　五、广西一号传销案件 ················· 058

第二节 记忆深刻的典型传销案件 ················· 060

　　一、广西"10·16"特大传销案 ················· 061

　　二、湖南"1·12"特大传销案 ················· 061

　　三、贵州"5·07"特大传销案 ················· 061

　　四、"中国明明商"传销案 ················· 062

　　五、"北京中绿公司"传销案 ················· 062

　　六、"浙江亿家电子"涉嫌传销犯罪案 ················· 063

　　七、"军圣营销"组织、领导传销案 ················· 063

　　八、"四川幸福缘农业开发"传销案 ················· 064

　　九、"斐梵国际"传销案 ················· 064

　　十、暴力传销呈现黑社会性质 ················· 065

第三节 新型传销行为值得警惕 ················· 067

　　一、浙江四起网络传销典型案例：骗子爱用"新经济"
　　　　当幌子 ················· 067

　　二、石家庄传销大案中的惊天价格欺诈 ················· 071

　　三、集资建加油站的传销骗局 ················· 074

第四节　中国直销企业自身的运营误区 ················· 075

一、跨区域经营 ·········· 075

二、产品超出范畴 ············ 076

三、培训活动不规范 ············ 079

四、虚假宣传 ············ 079

第三章　中国直销的规范化之路

第一节　法制化进程 ················· 083

一、《禁止传销条例》和《直销管理条例》出台 ····· 083

二、做好两个《条例》的贯彻实施工作 ············ 083

三、对直销相关问题进行权威解答 ············· 085

四、启动直销牌照 ············ 086

五、严格监管，取缔不规范的直销牌照 ············· 087

六、直销监管局成立 ············ 089

七、中国市场学会直销专家委员会成立 ············· 089

八、发布《直销企业保证金存储、使用管理办法》

············· 090

九、发布《直销企业信息报备、披露管理办法》 ··· 091

十、强化直销培训的监督管理 ············ 092

十一、旗帜鲜明，强化直销监管 ············ 093

十二、推出《直销行业服务网点设立管理办法》 ····· 094

十三、指导拿牌直销企业开展直销业务 ············ 094

十四、指导外资企业申办直销企业 ············ 095

十五、再次强化监管工作 ············ 095

十六、启用"打传规直"信息系统 ············ 095

十七、"两高一部"出台关于传销入罪的法律意见 … 096

十八、调整直销产品范围 …………………………… 097

十九、27个部门心系消费安全 …………………… 097

二十、2018年"三道利剑"连发，打造最严规范标准

…………………………………………… 107

第二节　开展专项活动，促进规范发展 ……………… 112

一、2010年，国家工商行政管理总局召开打击传销规范

直销工作情况通报会 …………………………… 112

二、2011年，国家工商行政管理总局直销监管局印发

《2011年打击传销规范直销宣传工作指导意见》 … 114

三、2012年，国家工商行政管理总局公安部公布2012年

查办的十起传销大案 …………………………… 117

四、2013年，国家工商行政管理总局发布《直销企业履

行社会责任指引》 ……………………………… 117

五、2014年，国家工商行政管理总局确定打击传销规范

直销工作要点 …………………………………… 118

六、2015年，打击传销直销监管案例研讨会召开 …… 120

七、2016年，调研打击传销和规范直销等竞争执法工作

…………………………………………… 122

八、2017年，创建无传销城市 …………………… 123

九、2018年，落实打击传销规范直销工作会议部署 …… 125

第三节　创新执法手段：实施"云上稽查" ……………… 127

一、"云上稽查"实现执法手段重大创新 ………… 129

二、政企合作实现执法资源高效利用 ……………… 130

三、网络监测平台发现异动，重庆工商捣毁传销窝点

　　…………………………………………………… 131

第四节　责无旁贷：地方监管部门在行动 ……………… 134

一、山西：召开直销企业座谈会　规范行业健康发展

　　规范 ……………………………………………… 134

二、内蒙古：工商行政管理局"五招"维护直销市场

　　秩序 ……………………………………………… 135

三、青岛：召开直销企业行业自律联席会议 ……… 137

四、辽宁 …………………………………………… 138

五、重庆：工商行政管理局召开2018年直销行业监管座

　　谈会 ……………………………………………… 139

六、甘肃：严查以直销名义和股权激励等形式实施传销

　　行为 ……………………………………………… 140

七、云南：保持高压态势　严厉打击传销 ………… 140

八、广西南宁：精准打击涉嫌传销窝点 …………… 140

九、山东曲阜：设17处防范传销联络点 …………… 141

十、湖南长沙：打击传销、规范直销 ……………… 142

十一、广东：举报传销案件最高奖励30万元 ……… 143

十二、海南：打击新型传销 ………………………… 143

十三、河北廊坊：精准打击传销　摧毁传销团伙效果

　　突出 ……………………………………………… 144

十四、武汉：洪山区开展打击传销清查专项行动 … 145

十五、南昌：启动2018年打击传销春夏季战役 …… 147

十六、贵阳：掀起打击"1040工程"传销新高潮 …… 147

十七、安徽：打击传销"皖剑—2018"专项行动 … 148

十八、西安：开展打击传销集中行动　端掉传销窝点

　　………………………………………………… 149

十九、南京：启动创建无传销社区 …………… 150

二十、北海："传销不死，决不收兵" ………… 150

第四章　规范发展　有法可依——重要直销法规汇编

《中华人民共和国对外贸易法》 …………………… 155

　第一章　总则 …………………………………… 155

　第二章　对外贸易经营者 ……………………… 156

　第三章　货物进出口与技术进出口 …………… 157

　第四章　国际服务贸易 ………………………… 159

　第五章　对外贸易秩序 ………………………… 160

　第六章　对外贸易促进 ………………………… 161

　第七章　法律责任 ……………………………… 161

　第八章　附则 …………………………………… 162

《直销管理条例》 …………………………………… 163

　第一章　总则 …………………………………… 163

　第二章　直销企业及其分支机构的设立和变更 …… 164

　第三章　直销员的招募和培训 ………………… 165

　第四章　直销活动 ……………………………… 167

　第五章　保证金 ………………………………… 169

　第六章　监督管理 ……………………………… 170

　第七章　法律责任 ……………………………… 171

第八章　附则 ……………………………………… 174

《禁止传销条例》 ……………………………… **174**

第一章　总则 …………………………………… 174

第二章　传销行为的种类与查处机关 …………… 175

第三章　查处措施和程序 ………………………… 176

第四章　法律责任 ………………………………… 179

第五章　附则 ……………………………………… 180

《直销企业保证金存缴、使用管理办法》

（商务部令2005年第22号） …………………… **180**

《直销企业信息报备、披露管理办法》 ………… **183**

《直销行业服务网点设立管理办法》 …………… **185**

《关于外商投资直销企业登记管理有关问题的指导

意见》 …………………………………………… **189**

《国家税务总局关于直销企业增值税销售额确定有关问题的公告》

（国家税务总局公告2013年第5号） ……………192

关于《直销企业增值税销售额确定有关问题的公告》的解读

（2013年1月28日国家税务总局办公厅） ………192

《最高人民法院、最高人民检察院、公安部关于办理组织领导传销

活动刑事案件适用法律若干问题的意见》 ………193

一、关于传销组织层级及人数的认定问题 ……… 194

二、关于传销活动有关人员的认定和处理问题 …… 194

三、关于"骗取财物"的认定问题 ……………… 195

四、关于"情节严重"的认定问题 ……………… 195

五、关于"团队计酬"行为的处理问题 ………… 196

六、关于罪名的适用问题 …………………………… 196

七、其他问题 …………………………………………… 196

商务部《关于调整直销产品范围的通知》 ……………197

《工商行政管理总局等27部门关于开展放心消费创建活动　营造安全放心消费环境的指导意见》

（工商消字〔2017〕252号） ……………………………198

一、总体要求 …………………………………………… 198

二、全面提升消费品和服务质量 …………………… 200

三、完善消费者权益保护机制 ……………………… 201

四、加强重点行业和领域放心消费创建工作 ……… 203

五、工作要求 …………………………………………… 205

《国家市场监督管理总局关于进一步加强打击传销工作的意见》

（国市监竞争〔2018〕7号） ……………………………207

一、提高思想认识，高度重视打击传销工作 ……… 207

二、全面落实打击整治网络传销"四步工作法" …… 208

三、广泛开展无传销创建工作 ……………………… 209

四、确定一批传销重点整治城市 …………………… 210

五、完善部门间信息共享、协作查处工作机制 …… 211

《国家市场监督管理总局关于进一步加强直销监督管理工作的意见》

（国市监竞争〔2018〕8号） ……………………………211

一、加强对直销企业、直销员及直销企业经销商、合作
　　方、关联方的监管 ………………………………… 212

二、依法查处与直销相关的各类违法行为 ………… 213

三、建立健全直销监管工作机制 …………………… 214

《国家市场监管总局关于开展查处以直销名义和股权激励、资金
盘、投资分红等形式实施传销违法行为专项行动的通知》
（市监竞争〔2018〕9号） ···216
　　一、专项行动目标 ···217
　　二、专项行动内容和安排 ·······························217
　　三、工作要求和措施 ···219

第一章

直销的定义及
直销产业的发展历程

ZHIXIAODEDINGYIJI
ZHIXIAOCHANYEDEFAZHANLICHENG

人类历史的发展长河是经济形态不断演变的一个恢宏过程。

直销产业，在世界、在中国都留下了不可磨灭的记忆，而且在中国的经济与营销舞台上，继续扮演着重要的角色……

第一节　直销的定义与原理

今天来看，房地产创业潮过去了，IT创业风也似乎烟消云散了，而真正挺立潮头的创业领域，则是以大健康为载体的直销行业。

历史告诉我们，现在正是直销创业的黄金时代，直销行业的黄金10年，正向我们招手。

因此，我们要进一步来了解直销这种模式，了解直销这一门生意的价值与远景。

2016年全球直销行业产值达到1800亿美元，合人民币达1万多亿元；我国目前有3000多万直销从业人员，在国家商务部正式注册的直销员已经达到200多万人，而且众多大型企业纷纷转型直销，越来越多的传统行业

参与到直销经营中来。这一切都预示着，中国直销行业未来巨大的发展空间。

一、直销是什么

直销（Direct Selling），按世界直销联盟的定义，直销指厂家绕过传统批发商或零售渠道直接向消费者销售商品或服务的销售方式。直销企业招募直销员，由直销员在固定营业场所之外直接从顾客那里接受订单。

这一定义说明了，直销最核心的要素是产品从企业直接到达消费者，省略了众多中间环节。

直销模式与传统销售模式的主要区别在于销售渠道的不同。

传统的销售渠道是：

生产厂家—总代理—省代理—市代理—批发商—商店—消费者

直销的销售渠道是：

生产厂家—直销商—消费者

传统的商品销售方式的利益产生方式是怎样的呢？

传统的分销方式：

产品要经过若干中间流通环节才到达终端——省级经销商（代理商）或市级经销商到商场或者店铺，然后，等待消费者主动上门选购，才能将商品送达消费者手中。

在这种传统的销售过程中，货物由产品变成商品所经历的中间环节多，如货运、仓储、损耗、管理、工资、广告等。产品每经过一个环节都要加价。所以，如此层层加价后，一元钱成本的产品价格到达终端时就可能变成了几元，或者十几元，使消费者和厂家双方的利益都受到损害。

直销的利益方式:

直销的利益产生方式与传统分销有什么不同呢?

直销是产品从厂家出发,经过直销人员直接到达消费者手中。这种销售方式节省了许多中间环节,因此也就节约了许多中间的费用,从而降低了产品的价格,使消费者和厂家双方都获得了利益。

二、直销的原理、特点与优势

(一) 直销的原理

最快地倍增市场、倍增时间、倍增财富。

核心理念是:消费创富。即消费者可以成为经营者。

1. 市场倍增

直销依据的几何级数原理,其范围之大,涉及面之广,是任何营销模式所望尘莫及的。假设公司只发展一个直销商,这个直销商发展8个下级经销商,这8个经销商又各自发展自己的8个经销商,如此发展到第8次,公司将拥有16777216个经销商,到第10次将有1073741824个经销商。

2. 时间的倍增

减少单位时间内完成的工作量。例如,公司向4000人宣传产品,每个顾客要20分钟,累计需要1333小时,假如每天工作8小时,要166天完成。但如果8个人同时向各自的8位顾客宣传则只需要160分钟,到第四级就有超过4000人在宣传,用一天的时间就可以完成之前需要166天才能完成的工作。

3. 财富的倍增

在上面两个倍增的基础上自然会实现效益倍增。

（二）直销的优势

以倍增原理为依托，直销具有如下的特点与优势：

（1）产品直达——省掉中间环节。

去掉了一级批发、二级批发、三级批发等环节，中间渠道的费用大大省略，差价也就不存在了。

众所周知，传统的商品流通方式是：制造商—全国总代理—省级代理—地区代理—批发环节—零售商店—消费者。这其中每个环节都需要产生多项管销费用，如人员工资、运输费用、仓储费用、房租水电、各项税费及管理费等，每个中间环节都要赚取合理的利润，而所有这些费用最后要全部分摊在每一个消费者的身上。中间环节太多不仅仅增加流通成本，也给制假贩假提供了温床，还连带产生三角债等问题。

（2）口碑营销——省掉巨额广告费。

传统制造商为了让更多的消费者了解和知道其产品，还要投入超过成百万元、千万元甚至过亿元的巨额广告费用。

（3）亲情营销——堵住假冒伪劣。

（4）倍增营销——提升传播速度。

（5）教育营销——提升消费者与经销商的素养。

（6）服务营销——个性化一对一服务。

（7）超级回报营销——经销商的巨大利益。

在美国，有无数的千万富翁、亿万富翁都是在直销领域诞生的。这是因为，参与直销，经销商能够获得比较大的收益。其原理很简单，是将广告费、中间环节的费用回报给了经销商。

总结起来，直销模式（见表1-1）与传统销售模式有相当大的差异，主要反映在：

（1）服务对象有所不同。

（2）激励方法和报酬模式不同。

（3）市场营销团队的基本结构不同。

（4）市场主体人员的素质和要求不同。

表1-1 直销营销方式的特点

1. 涉众型营销	人际渠道，管理松散，从业人员构成复杂
2. 直达型营销	砍掉中间环节
3. 口碑型营销	基本上不依赖广告，依托口碑相传
4. 服务型营销	服务只有起点，没有终点
5. 教育型营销	始终通过科普教育、培训等手段提升能力
6. 超级回报营销	通过倍增机制，使经销商获得巨大利益

第二节 直销行业的起源与发展

一、直销的起源

直销最早起源于20世纪40年代的以色列，由犹太人卡撒贝创立，后来在美国得到真正的发展。

在20世纪50年代的美国，由于当时美国资本主义的高速发展，社会贫富差距越来越大，形成了如下社会现象：

（1）约80%的财富被约20%的富人所掌握。

（2）贫穷的百姓由于贫穷而没有改变贫穷现状的机会。

此时，面对贫富极度不均的社会现实，美国哈佛大学的两个研究生，研究出了这样一种从事商品营销的职业：

①能够让穷人改变命运。

②让富人消费商品。

③让从业者的财富成倍数增长。

这种渗透着解决社会贫富问题的理想的职业营销模式，就是直销模式。

这种销售模式被推向社会后，很快产生出前所未有的市场效应：

①使许多企业滞销的产品找到了销路。

②使萧条的美国市场渐渐焕发了勃勃生机。

③使许多失业者找到了工作。

④使许多穷人因从事直销而跨入了富人行列。

于是，这种新的营销模式很快流传并盛行起来，很快就成为风靡美国市场的一种新鲜并具有活力的营销模式。

第一家采用直销方式经营的公司是健尔力，即后来的纽崔莱公司。他们以销售维生素药丸为主，采用多层次酬金分配制度。

凭着这种营销模式，纽崔莱公司创造出惊人的业绩。当时正值美国经济大萧条时期，这种新颖的销售方式吸引了众多失业工人和家庭妇女。直销成为当时解决就业问题的一种有利途径。1959年，纽崔莱公司的两位直销员杰·温安洛和理查·狄维士另立门户，成立安利公司，推销他们制造的清洁剂和洗衣粉。安利公司的直销方式被认为是真正成熟的直销方式，他们的发展带动了整个直销业的发展。20世纪60年代，美国采用直销方式的公司如雨后春笋般地发展起来。1972年，上门直销形式的销售额已经达到40亿美元。

二、直销在中国的发展之路

直销在中国的市场经济蓬勃发展之时，曾经因良莠不齐而繁芜一时。20世纪90年代后期，由于"老鼠会"等非法金字塔式传销对中国市场经济的干扰和破坏，引起了广大消费者的深恶痛绝。

1998年6月18日，国家外经贸部、国内贸易局和国家工商局国家三部委发出《关于外商投资传销企业转变销售方式有关问题的通知》，明文规定："外商投资传销企业必须转为'店铺+雇用人员推销'的运作模式"，并批准安利、雅芳、玫琳凯、日晖、富迪、尚赫、完美、百美、特百惠、娜丽丝10家外商投资直销企业转型经营。

2001年12月11日，中国正式加入世界贸易组织（WTO），成为正式成员，从而大大缩短了中国与世界各贸易成员国之间的距离。

中国政府在加入世贸议定书中承诺：入世3年内我国将取消对"无固定地点批发和零售服务"的限制。

2001年12月14日，国家经济贸易委员会法规司司长张德霖、贸易司司长黄海，在新闻发布会上表示：中国承诺在加入WTO的3年中，在充分考虑WTO成员意见的基础上，就直销问题立法。并表示，国家已经授权国家经济贸易委员会抓紧起草该法律。国家经济贸易委员会主任张志刚也表示：为适应我国加入WTO后的新情况，国家经济贸易委员会正在有计划地加紧有关法律法规草案的起草工作。《外商投资企业从事直销业务的规定》已经开始从事立法调研。

2002年2月21日，国家工商行政管理总局、对外贸易经济合作部、国家经济贸易委员会联合发布《关于〈关于外商投资传销企业转变销售方式有关问题的通知〉执行中有关问题的规定》（工商公字〔2002〕第31号），

对转型企业中雇用推销人员的方式、报酬、合同订立等方面进行了明确的规定，再次强调店铺经营，简称31号文。

2003年9月，在厦门第七届中国投资贸易洽谈会期间，商务部、工商行政管理总局等部门邀请安利、雅芳、完美、南方李锦记、玫琳凯、如新、康宝莱7家企业商讨直销立法事宜。第一次厦门会议的召开，标志着中国直销立法的开始，在中国直销史上被称为"第一次厦门会议"。

2004年2月9日，前商务部外资司副司长邓湛在中美商务理事会经贸座谈会上首次披露，中国将于年内制定直销业相关法律。

2004年5月18日，苏州会议，前商务部外资司副司长邓湛在苏州召集雅芳、安利、完美、南方李锦记、玫琳凯、如新、康宝莱7家直销企业相关负责人组成了"关注中国直销开放小组"。而在6月9日召开的第一次专题会议上，直销工作小组新增加了仙妮蕾德等四家企业，成员单位增为11家。

截止到当年7月中旬，直销工作小组已经举行了4次专题会议，并就市场准入条件、保证金制度、关于金字塔诈骗的特征及与直销的区别、计酬制度、培训、分支机构的设立、直销企业可销售的产品等问题展开了积极的讨论。

2004年9月10日，商务部和工商行政管理总局牵头举行中国投资贸易洽谈会直销论坛开幕，22家企业参与，外资企业16家，包括安利、雅芳、完美、南方李锦记（现在的无限极）、玫琳凯、如新、康宝莱、日晖、富迪、尚赫、百美、特百惠、娜丽丝、宝健、仙妮蕾德等；内资企业6家，包括大连珍奥核酸、福建福龙公司、新时代健康产业、天狮、太阳神等。也就是直销史上著名的"厦门会议"。

2004年9月11日在厦门召开的"直销研讨会"上，商务部有关领导表示,《直销法》有望在12月前颁布,并于2005年1月1日开始实施。参加"直销研讨会"的22家企业中,有安利、雅芳、玫凯琳、如新、仙妮蕾德等16家外资企业。商务部副部长马秀红在座谈会上谈到"内外一致,公平竞争,共同发展"12字方针,给内资企业吃了"定心丸"。

讨论稿在"直销业的经营范围"一条中明确规定,直销产品只能是"保健品""化妆品"和"日用生活品"三大类。

2005年12月1日,我国正式颁布实施《直销管理条例》。

2006年雅芳公司获得中国第一张直销牌照,至今,中国已经拥有正式牌照的直销企业近百家。只要符合申牌条件的企业均可以向商务部进行直销许可证的申办。

2016年3月,商务部、工商行政管理总局发布2016年第7号公告,公布了新的直销产品范围,在原有化妆品、保洁用品、保健食品、保健器材、小型厨具五类直销产品的基础上,新增加了家用电器。公告自2016年3月17日起实施,商务部、工商行政管理总局2005年第72号公告同时废止。

2015年11月4日,商务部、工商行政管理总局在北京组织召开《直销管理条例》《禁止传销条例》颁布实施10周年座谈会,回顾10年来直销行业发展,总结打击传销和规范直销取得的成效,探讨在新形势下如何更好地推进直销行业改革创新和规范发展以及做好打击传销工作。商务部副部长房爱卿、工商行政管理总局副局长刘玉亭到会并讲话。

房爱卿说,2005年国务院颁布实施《直销管理条例》和《禁止传销条例》是中国履行入世承诺、对外开放直销市场的重要举措,也是加强行业监管,促进健康发展,保护消费者权益的重要措施,标志着我国直销行业发展和打击传销工作步入法治化轨道。两个条例是直销行业政府管理和企

业发展的基本制度，颁布实施以来，商务部、工商行政管理总局等部门分工协作，密切配合，出台了一系列规章和规范性文件，建立了比较完整的具有中国特色的直销管理法规体系。绝大多数直销企业严格遵守两个条例，建立健全内部管理制度和对外营销规范，在产品质量、退换货制度、教育培训等方面制定了较为完备和严格的操作流程，切实保护了消费者权益。

房爱卿指出，10年来，直销行业稳步发展，为国民经济发展做出了贡献，已经成为吸纳就业的新领域，扩大消费的新渠道，拉动投资的新动力和创造税收的新来源。未来我国直销市场潜在空间大，行业前景广阔。电子商务的蓬勃发展，使线上线下融合发展、努力提高品质和服务成为发展趋势。

房爱卿强调，党的十八届五中全会提出了"创新、协调、绿色、开放、共享"的发展理念。各有关部门、行业协会和直销企业等要认真贯彻落实五中全会精神，以良好的发展环境为支撑，以创新开放为驱动，以协调规范为基础，推动直销行业绿色发展、共享发展。近期，商务部大力推进简政放权，得到社会各界的好评。下一步将继续巩固和深化改革成果，将各项简政放权措施进一步落到实处，让企业真正享受到改革的红利，激发市场活力。他要求，要进一步强化事中事后监管。各级商务主管部门要与工商行政管理部门密切合作，配合执法部门严厉打击各类违法违规行为。商会协会要切实发挥自律、协调的作用。广大直销企业和直销从业人员要切实增强守法诚信意识，严格遵守两个条例和相关法规要求。要实施创新驱动战略，加快新技术下的产品创新、服务创新和商业模式创新，抢占市场竞争的制高点，为行业发展探索道路，贡献力量，共同促进直销行业健康发展。

第三节 直销的社会价值

时代创新，经济变革，同时带动了中国直销企业的快速发展，这是因为其本身存在较大的意义和价值，直销行业产生的社会价值，主要有以下七个方面。

一、拉动内需，促进商品流通，活跃市场经济

事实上，直销在国外早已成为市场经济中一种非常普通的商品流通方式，成为传统的批发代理制商品流通方式的一种有效的补充。所以，健康和规范的直销，将会对拉动内需、促进商品流通和活跃市场经济起到十分积极的作用。

比如，拉动交通产业、拉动房地产产业、拉动教育培训产业、拉动旅游产业、拉动奢侈品消费产业等。

举例来说，中国直销行业有3000万人，假设每人每年在交通方面的差旅支出是1万元（实际上，有许多直销业的精英人物差旅支出是每年几十万元），则一年总计交通费用达到了3000亿元！

再看直销人的旅游消费：

媒体报道：当地时间2014年5月27日，美国洛杉矶迎来了最大的一单中国商务旅游团赴美活动，此次活动共有7000余人，全部归入单一团组。据了解，组办此次7000人超大商务旅游团赴美旅游的公司是中国直销界著名企业W（中国）有限公司。

为了筹办这次活动，W（中国）有限公司共花费了7000万美元，共7000名中国人分乘70个航班抵达洛杉矶，并入住了洛杉矶的30家

酒店。

据了解，这7000人本次出行也是为了参加该公司的年度商业会议，他们还在会上唱起了中国国歌。

而在几天的行程中，这些中国直销界的"大佬"们还在各奢侈品商店大批抢购高端商品。

事实上，各家直销公司都钟情于组织类似的大规模旅游，各种"超级旅游团"并不少见。

在最近几年，类似W公司这样的创纪录旅行团经常会被媒体报道，而且几乎都是由各个直销公司组织策划的。就在不久前，W公司还曾组织了一次6000人参加的"加勒比游轮游"，这6000人除了游览韩国济州岛、釜山等地，还在游轮上举行了大规模的"研讨会"。

2014年，美国直销品牌企业R公司曾一次组织4000多名中国人前往泰国普吉岛，创下普吉游的多项纪录。2014年4月，R公司又在迪拜召开年会，更是有16000名中国员工前往迪拜。根据估算，这些人仅机票花费就有2.9亿元人民币，在迪拜的消费额更可能有10亿元人民币。

而直销的"鼻祖"A公司也未缺席。2009年，A公司就组织了12000多名营销人员游览台湾。2013年，A公司又再次组织"万人游台湾"，带领数万人赴台旅游开会。

二、提供较多就业机会，解决社会就业压力

根据直销行业发展比较规范的国家和地区的统计显示，直销行业从业人员一般都占该国家和地区总人口的20%左右，按照这一数据来预测，中国直销从业人员未来将突破2亿人。所以，如果直销行业能够在中国获得健康发展，将会给社会提供大量的创业就业机会。而就业的培训成本一般

由直销企业支付，不会给国家增加任何负担。仅此一点，在中国经济改革不断深入，大量剩余劳动力需要转型的今天，直销行业的存在就有十分重要的现实意义。

三、增加地方税收，繁荣当地经济

根据2015年中国直销企业业绩年报，已有3家直销企业突破了200亿元销售额，至少有6家直销企业销售业绩突破了百亿元大关。由此带来的税收也是十分可观的。现今中国直销法规出台和完善，积极开放更多符合条件的内资和外资公司申请直销许可，推动更多的直销企业稳步发展和健康竞争，打开直销市场，提升了直销企业销售业绩，从而也增加了当地政府税收。

四、传播健康观念，提升文明水平

直销不仅仅只是在推销某种产品，而首先是在推销一种观念。随着健康观念的不断深入，普及了预防大于治疗的理念，"圣人治未病不治已病"的中医理念，让更多的人养成了良好的生活习惯和生活方式，提高了人们的幸福指数，提升了整个社会的文明水平。

五、培养精英人才，提高人民素质

直销企业能够快速地发展和与社会时代保持同样的发展势态，很重要的原因在于其有一套完善的人才培训体系。在直销行业有很多社会人员通过从事直销工作，积极参与直销企业的相关培训，在教育培训中吸收知识，同时在直销业务运营中提升个人的实践能力。更好地修身齐家也为社会源源不断地输出了各方面需求的社会精英人才。

六、个人价值：为直销参与者带来五大收益

（1）经济独立：持续不断的高收入。

（2）时间自由：可以实现的财务自由。

（3）个人成长：沟通是一个学习的过程。

（4）受人尊重：在人格上、声誉方面获得足够的尊重。

（5）身心健康：绝佳的心态，科学而健康的生活方式。

七、专家总结：直销产业的七大贡献

1. 促进就业

首先是直接就业，直销公司的雇员直接就业。这个数字并不大，差不多5万人，随着直销企业数量的增加，这个数字还会继续增长。其次是创造就业，就是直销员的层面，到2015年10月底，有统计数据显示直销员数量已达280万之众，但真实的直销员的数量远远超过这个水平，估计在800万~1000万人。这是直销在创造就业上一个很有特色的方面。最后是拉动就业，也就是直销企业的经销商和供应商层面。经销商和供应商，特别是经销商，是直销产业价值链的重要组成部分，没有他们的参与，直销企业的产品是无法实现销售的。根据对9家直销企业的抽样调查，这9家企业的经销商数量已经接近40万了，每个经销商都可能拥有数量不等的雇员。仅按照2%~3%的雇员数量来评估，就可拉动超过百万人就业，所以直销行业对就业的促进作用是非常明显的。

2. 驱动消费

直销是一种主动的销售方式，跟一般销售方式不同的地方是，它有一种创造消费的能力。直销企业目前拥有1300万的会员和优惠顾客，这些人

都是直销员的直接服务对象。根据20个城市的消费者调查，2/3的城市消费者都有过购买直销产品的经历，这个比例也是相当大的，可以看到直销行业很强的市场渗透力。同时，直销员本身也是一个消费行为比较积极的群体，据调查，接近50%的直销员，每人每月在直销公司的消费支出超过2000元，接近1/3的直销员用于购买培训学习资料等自我成长的消费，在500~1000元左右，这说明该群体的消费比一般消费者的消费更为积极。

3. 拉动投资

调查发现，经营5年以上的直销企业都会追加投资，10年左右的直销企业平均追加投资2亿元。2013~2014年，直销企业新投资超过80亿元，同时直销企业的研发投入，也高于一般的消费品制造业。11家直销企业的抽样调查显示，直销企业研发投入占销售比例在3%，这个比例是相当高的。

4. 拉动供应链

与一般的消费品制造业相比，直销产业链更长。通过一项调查显示，平均每个企业从原材料供应到产品售出，要涉及60多个供应商。有一部分保健品、保健食品的制造企业，还直接向农场合作社和农民采购原料，与农业和农民有着密切的关系。据调查，延伸到农业产业链的直销公司，平均能带动7000户的农户，每年使农户平均增收可以达到8400元。

5. 诚信纳税

2014年直销企业的纳税加上直销员纳税已经达到了57亿元，其中直销员直接纳税1.54亿元。

6. 开展公益慈善活动

到目前为止，已经有超过20家直销企业发布了企业社会责任报告；有

近30家直销企业设立了企业的基金会和专项的公益基金。直销企业发布社会责任报告的比例和建立企业基金会和专项公益基金的比例远远高于其他很多行业,直销企业做公益的积极性远高于其他的行业。直销行业平均每年社会公益事业捐助5亿元,全行业的总金额10年来大概已经接近50亿元。直销行业持续开展的公益项目涉及环保、医疗、妇女、儿童等多个领域。直销行业在做公益时有一个明显特点,就是其带动性,往往是直销员和直销企业共同来投入金钱、精力放到公益事业上,由此每年可带动超过500万人次投入到公益事业当中来,这是直销行业一个很特殊的社会贡献。

7. 促进"中国制造"走出去

直销是跨国公司带到中国来的,但是2005年以后,中国本土的直销企业发展十分迅速,目前内资直销企业的数量已经超过外资,而且中国的直销企业不仅仅在国内发展业务,还把直销业务的触角扩展到世界各地。据统计,已有超过20家本土直销企业在海外发展业务。有的企业业务已经遍布全球100多个国家;还有部分企业在当地设厂,从而成为中国消费品制造业走出去的重要力量。另据调查,还有很多本土企业未来5年都有到海外去发展业务和设厂的规划。这是中国直销行业特别令人振奋的地方。

第四节　中国直销产业取得的发展成果

2005年对中国直销行业而言,是一个新纪元的开始——中国首部直销法正式颁布,标志着中国直销正式立法。中国直销法制化13年来,直销行业在"摸着石头过河"的过程中,取得了很多令人骄傲的成绩。

一、总体成果

1. 产业发展成果明显

大概从2005年开始，中国直销产业平均每年的销售总额的增长速度保持在30%左右。2005年行业销售总额是500万~600万元，而2017年已经超过2000亿元。应当说，这是一个了不起的成绩。专家认为，中国直销行业的发展速度超越了中国经济的平均值，个别企业的增长速度甚至高达100%。在世界金融危机大背景之下，中国直销行业逆势增长，足以说明这个行业的生命力。

2. 政策法律进一步明确

客观地讲，《直销管理条例》和《禁止传销条例》为中国直销行业的合法生存确立了席位，但远不足以解决中国直销行业发展过程中的实际问题，尤其是健康发展、可持续发展的诸多问题。立法14年以来，它在中国一些重大法律上都有体现。

3. 社会土壤日渐平静

在1998~2005年中国禁止直销行为的环境下，主流媒体对直销行业的报道基本上都是负面的，行业发展的土壤并不好，但是随着直销立法和14年来的发展，约60%以上的人已听说过直销，对此也并不排斥。

4. 社会舆论环境趋于向好

在1998~2002年，中央电视台要正面报道直销是非常困难的，其他媒体也是如此。而在2003年以后，一些主流媒体如中央电视台、《人民日报》、人民网、新华网等都开始正面去关注这个行业，客观公正地做一些报道，这就意味着社会对直销行业健康发展的接纳，进入了一个新的时代。

5. 行业形象很快提升

这些年来，通过企业、专业人士的共同努力，借助媒体的正面传播，从业人员素质在全面提升，整个行业的风气在矫正，整个行业的自我约束能力在成长，整个行业的形象在民众和政府心中都有所提升。

6. 政府的监管作风有转变

在中国改革开放不断深入的过程中，执法水平逐步提高，从整体来看，通过政企之间的交流，企业之间的沟通合作，政府逐渐从监管的角色转向服务，以监管促进发展，政府监管水平也相应提高。

二、从数字看发展

（一）业绩数字——漂亮的统计表

2017年对中国直销企业而言注定是充满挑战的一年。一方面，相关政策利好效应逐渐显现，社会认可度逐步提高，利于直销企业稳步发展；另一方面，受"互联网+"技术进步、传统企业入局、金融传销以及新零售模式冲击等各种因素影响，部分直销企业正处于市场份额减少、业绩增长乏力的尴尬境地。

据有关机构发布的《2017年中国直销企业业绩报告》显示，参与统计的直销企业在2017年共计创造了1964.43亿元的业绩。

其中，无限极以213亿元的成绩位居2017年业绩排行榜榜首，这是无限极自2015年以来连续第三年位居榜首位置，安利与完美紧随其后，双方也是继2016年后再度并列第二。尚赫则取代中脉跻身前五名，苏州绿叶成为2017年业绩增长最快的直销企业。

由于克缇、康恩贝、双迪等一众直销企业的业绩目前暂未计算在内，如果算上这些没有统计在内的企业业绩，2017年中国直销企业总体业绩有望达到2100亿元。

1. 无限极连续三年坐上业绩宝座

继2015年和2016年后，无限极在2017年再度荣登"业绩冠军"宝座，但213亿元的业绩，与2016年的270亿元和2015年的283亿元相比，已有一定幅度的下滑。2016年屈居第二的完美在2017年取得了200亿元的业绩，与安利并列第二。

2. 行业总体仍在持续增长发展

据相关行业统计，除2016年业绩不明确的23家企业外，剩余的40家企业中，有13家企业的业绩出现下滑，但也有27家企业的业绩保持着增长态势，整个直销行业仍在飞速发展。

27家业绩增长的企业中，有21家企业实现50%以内的业绩增长，有3家企业实现了50%~100%的增长，苏州绿叶、春芝堂以及天津铸源3家企业的业绩增长率超过100%。

3. 内外资业绩差距缩小

从内外资企业2017年总业绩来看，受无限极、安利、完美等传统老牌外资企业业绩持续下滑影响，2017年外资企业总业绩为1135亿元，较2016年业绩下滑1.05%；至于内资企业，2017年总业绩达829.43亿元，较2016年业绩增长3.54%。

从近两年的业绩数据分析中可以看到，虽然目前中国直销业绩仍是外资巨头领跑，但内资企业正逐步迎头赶上，尤其是随着内资企业获牌数量的不断增多，相信未来的差距将会进一步缩小。

4. 广东居全国业绩之首

从全国各省份业绩来看，作为"第一直销大省"的广东省在2017年取得了700.73亿元的业绩，占1964.43亿元业绩总额的35.6%。天津紧随其

后，但309亿元的业绩总额与广东省相比还是存在一定差距，上海、江苏和北京分别以244.7亿元、222.2亿元、201.6亿元的总业绩位居第三到第五位。

有业内人士分析指出，相较于内地其他省份，广东省地理位置得天独厚，直销起步比较早，政府管理与时俱进，并积极出台多种举措促进行业规范发展。据道道舆情监控室了解，近年来广东工商和市场监管部门先后开展扶持直销产业发展课题调研，分析广东直销产业发展潜力，并起草《广东省扶持直销产业发展十大举措》，力争使广东直销产业十年内年经营总额达5000亿元。

正是因为以上这些因素，让广东省在这些年里一直稳居直销企业数量之最的位置，同时也是众直销企业直销区域拓展最好的地区之一。

5. 业绩梯队层次逐渐分明

从业绩区间来看，63家企业销售业绩分层明显，梯队逐渐拉开四个层次。据相关舆情监控室统计，2017年取得100亿元以上业绩的企业有4家，分别是无限极、安利、完美和尚赫；取得100亿元以下50亿元以上业绩的企业有5家，分别是玫琳凯、新时代、中脉、隆力奇和康宝莱；取得50亿元以下10亿元以上的企业有20家；取得10亿元以下的企业有33家。

（二）第一梯队进入业务调整期　多举措积极求变

有关机构共同发布的《2017年中国直销企业业绩报告》显示，2017年直销企业业绩前五名入榜门槛为100亿元，较2016年的120亿元和2015年的170亿元有所下降，前两年一直稳居第五的中脉受业绩下滑影响，在2017年跌出前五，近年业绩增长迅速的尚赫取代中脉跻身前五。

1. 前五名市场份额连续三年下降

尽管尚赫取代中脉跻身前五，但其与另外四家直销企业在2017年的总业绩共计只有863亿元，占2017年直销企业市场份额的44.1%。这是自2015年以来，连续第三年前五名市场份额下降。

2015年业绩排行榜前五的直销公司共创造了1186亿元的业绩，占当年直销企业市场份额的59.3%；2016年，这五家企业的总业绩下降为1022亿元，占2016年直销企业市场份额的52.5%。

2. 走出小圈子积极求变

为了提振业绩，近两年无限极、安利等第一梯队企业开始走出小圈子转向大众消费群的同时，还注重对年轻消费者的吸引力。

2017年7月，安利宣布改变此前在中国分省设置分公司的组织架构，将全国市场划分为40个城市群，并据此布局线下体验馆、体验店等设施。在产品上，安利也开始尝试聚焦年轻消费者的消费需求，推出XS功能饮料等产品。

除此之外，安利和无限极还分别通过纽崔莱健康跑与养生行走日等活动发力线下营销。业内专家表示，随着健康养生的年轻化，健康跑、行走日等活动越来越受年轻人的青睐。直销企业瞄准年轻消费群，从这些线下活动入手，可以取得更广泛、更精准的营销效果。

3. 尚赫实现跃进百亿元目标

作为前五名中唯一保持增长的企业，尚赫执行长陈旻君早在2017年1月举行的全国领袖高峰会议上，就曾振臂欢呼尚赫2017年要跃进百亿元。一年后，凭借完善的行销模式、一流的产品质量、便捷的物流储运、高效的业务运营以及在2017年推出的电子商务运用，尚赫不仅成功实现跃进百亿元的目标，还跻身业绩排行榜前五的位置。

从2015年的21.6亿元，到2016年的78亿元，再到2017年的100亿元，尚赫在短短三年时间内业绩增长近五倍。尽管业绩实现高速增长，但

尚赫多次被不同地方的媒体爆出变相收取"入门费"、多层次直销涉嫌违规、违规跨区域从事直销活动、涉嫌夸大产品功效的行为，引起社会和行业的广泛关注。

（三）第二梯队总体业绩相对平稳 多元化推进发展

2017年，业绩处于50亿元到100亿元区间的直销企业共有5家，分别为玫琳凯、新时代、中脉、隆力奇、康宝莱，这五家企业在2017年共取得了396.5亿元的业绩，与2016年同处这一区间的玫琳凯、新时代、尚赫、康宝莱、隆力奇五家企业创造的383.3亿元业绩相比，有所增长。

1. 专注某类产品的生产和销售

玫琳凯、新时代、中脉、隆力奇、康宝莱这五家处于第二梯队的企业大多专注于某类产品的研究、生产和销售，它们通过各自独特的品牌产品树立起企业形象、突出品牌理念、引领全球市场趋势，因此无论是在直销领域，还是国内外市场都拥有不俗的口碑和忠实的消费群。而在老龄化趋势和全民健康倡议的推动下，人们的保健意识不断提高，快节奏、高压力的生活则会让这五家企业的保健食品得到越来越多的青睐，为它们最近几年乃至今后未来的发展提供了成功的跳板。

2. 多元化发展推进品牌建设

除了专注某类产品的研发、生产和销售外，在互联网经济浪潮下，处于第二梯队的这五家企业也通过改变战略方针，进行多元化品牌建设，以期能在逆势中迎来新发展。位居业绩排行榜第六的玫琳凯在2017年持续进行革新和创造，推出与女性的美丽相关的护肤和基础健康两条不同产品线的保健品，通过向健康产业全面延伸，开启向生活化、多元化方向快速发展的步伐。

而像新时代和隆力奇两家企业，则分别开始通过国珍优选云店、国珍健康生活馆云终端以及大数据、人工智能等新技术推进企业服务和制度改革，正是这种多元化的尝试，才促使这几家企业在业绩上实现了平稳增长和质的飞跃。

与玫琳凯、新时代和隆力奇三家企业业绩有不同程度的增长相比，同处于第二梯队的中脉和康宝莱业绩较2017年有所下降，业内人士分析指出二者下滑的原因却各不相同。

据了解，中脉近年业绩下滑的主要原因是内部战略调整，布局社交电商，不少业内人士对进行内部良性调整、引领行业转型升级的中脉未来前景依然看好，认为其基本面并没有改变，积蓄力量后将会回到正常的发展轨道上来。

至于康宝莱在华业务受到金字塔骗局指控，运营模式被指涉嫌传销；在华业务因涉嫌违反《反海外腐败法》正在接受美国和中国的双重调查、加上过去一年的中国区高层震荡频繁的影响，在李延亮离职后，新上任的郑群怡和郭木这一领导层架构并不被外界所看好，康宝莱中国区来年业绩是止跌回升还是继续下滑仍是一个未知数。

（四）第三梯队业绩增长成普遍趋势

与第一梯队业绩增长乏力、第二梯队业绩相对平稳相比，处于10亿元至50亿元区间的第三梯队的20家企业中，大多呈现出业绩增长态势，其中业绩增长最高的是苏州绿叶，从2016年的3亿元飙升至2017年的49.7亿元，增长率高达1556.67%。

1. 苏州绿叶成2017年度行业黑马

据观察，苏州绿叶能在获牌不到两年的时间创造近50亿元的业绩，与其超过三年的筹备期、投入巨资打造高标准软硬件环境、加强科研丰富高端日化产品线、小单消费为导向的模式助推市场发展以及公司高管亲力亲

为积极参与市场各种活动等各种因素有密切关系。

在业绩取得爆发性增长的同时，苏州绿叶虽偶尔传出一些负面舆情，但这并没有妨碍到苏州绿叶的亮眼表现，不仅先后在苏州相城区、河北廊坊、江苏盐城等地建设新型产业园，印证自己打造全球性高品质、真价格电子商务服务平台的决心，还在近期请来知名影星张静初担纲旗下品牌希诺丝的全球形象大使。

2. 大多企业已奠定全方位发展的基础

较于老牌直企带着经验和团队进入中国直销市场，第三梯队的大部分直销企业大多是在 2006 年立法初期、2011 年左右的发牌回暖期、2013 年左右的行业黄金期介入直销市场，像美乐家、罗麦、三生等是在 2006 年获牌，葆婴在 2010 年获牌，康美、康婷等企业均在 2013 年获牌。

有业内人士表示，这些企业避开了立法初期的扎堆抢市场、也错开了立法之后的严监管，凭借着中医文化、健康生态、绿色生活等独具特色的理念在健康产业兴起之前就打好了市场基础，以人为本的理念更是吸引了大批创业人才，奠定了三生、康美、康婷等企业的高起点、全方位发展的基础。相信随着今后的发展，康婷等企业有望跻身第一梯队，进入业绩百亿元俱乐部。

（五）第四梯队正迎头赶上，进一步缩小差距

处于 10 亿元以下的第四梯队的直销企业虽在业绩上比不上前三个梯队，但与前三个梯队一样，第四梯队的企业基本大部分都处于增长期。有业内人士相信，处于第四梯队的企业正逐步迎头赶上，未来和前三个梯队的差距将会进一步缩小。

与前三个梯队不一样的是，第四梯队的企业中出现了数家 2016 年没有上榜的企业，像前两年颇为沉寂的富迪在 2017 年就取得了 4.8 亿元的业绩；

2016年没有上榜的天狮也出现在榜单上，但与前几年的辉煌业绩相比，2017年6亿元业绩显得稍为黯淡；而早前被爆在湖南、湖北涉嫌传销的九极在2017年取得了4.2亿元的业绩。

除此之外，第四梯队的企业中还有部分是在2017年获商务部公示的直销企业。像益宝、绿活美地、天津沃德这三家在2017年相继获商务部公示的直销企业，在直销开局元年均取得了不俗的成绩。这其中，益宝创造了3.2亿元业绩，绿活美地与天津沃德都取得了7000万元的业绩。

中国直销市场潜力巨大，未来前景依然甚好。

尽管2017年部分企业尤其是排名前列的企业业绩增长仍然乏力，但不少企业高管尤其是外资直企高管始终看好中国市场，认为与市场成熟的发达国家相比，中国直销市场仍大有发展空间，安利总裁德·狄维士在早前参加中国发展高层论坛时就公开表示了对安利中国的在华业务充满信心。

前景广阔的中国直销市场也吸引着越来越多的企业加入，像美商直企爱睿希，此前被爆在天津低调着手申牌工作的他们在2017年就取得了过亿元的业绩；至于另一家美商直企婕斯，在没有拿到牌照的这两年时间里，他们的表现同样引人关注。据了解，2016年婕斯取得了48亿元的业绩，2017年业绩却下降至26亿元，外界猜测，婕斯业绩下降主要是受到涉嫌传销、管理层震荡、囤货问题、拒绝宣传等因素影响。有业内人士表示，不论是国内的企业还是外国的企业，想要在中国直销市场扎根，遵纪守法、规范经营，及时获取直销经营许可证是最重要的一个方面。

同时，业内普遍认为，直销行业要想获得长久的发展，就必须主动融入主流商业和新经济概念，加强产品研发，树立良好的行业形象。相信随着新经济移动社交与直销模式的进一步融合，相关法律法规的不断完善，直销行业必将愈加规范有序，经过优化调整后的直销行业在今后也将会迎

来一个更好的发展势头。

三、直销批牌数量节节攀升

根据商务部直销行业信息管理系统数据统计显示，截至 2019 年 6 月 10 日，我国共有 89 家企业正式获得直销经营许可证。

2019 中国拿牌直销公司名单：

外资直销：

安利、完美、太阳神、无限极、玫琳凯、康宝莱、同仁堂、三生、如新、富迪、金士力、嘉康利、欧瑞莲、宝健、克缇、葆婴、爱茉莉、金日、美乐家、尚赫、安然、长青、宝丽、福维克、金科伟业、大溪地诺丽、圃美多、安发、全美世界、雅芳、自然阳光、安永、汉德森。

内资直销：

中脉、新时代、天狮、罗麦、康力、哈药集团、安惠、隆力奇、绿之韵、炎帝、东升伟业、美罗、圣原、天美仕、春芝堂、荣格、康婷、九极、康美、理想、东方药林、福能源、三株、康恩贝、东阿阿胶、荟生、三株、云尚、宇航人、福瑞达、卫康、永春堂、东方红、双迪、金木、紫光科技、康美来、铸源、未来生物、海之圣、康尔、北方大陆、金珂藏药、金天国际、和治友德、苏州绿叶、三八妇乐、琪尔康、致中和、好当家、绿活美地、清晨生物、吉美、益宝、沃德、以岭药业。

四、直销从业人员

1. 中国直销从业人员发展情况

据估算，中国直销的从业人员已经达到了 3000 万人。超过了许多国家的人口总数。无疑，这是巨大的生产力。

如图1-1所示，直销人员从2011年的240万人，回落至2012年237万人，再下降到2013年的207万人后，从2014年开始回升到219万人，至2015年已增至307万人，同比增长39.97%。

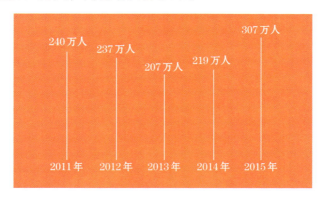

图1-1　2011~2015年直销员人数变化情况

由此可看出直销行业人员的扩张离不开直销行业本身的发展。2015年是直销行业的腾飞之年，直销人员也随之实现近五年来的增长高峰。所以相信随着直销行业业绩的不断突破及刷新，直销队伍将越来越壮大，直销人员将越来越集中。同时还将有以下三点变化：

（1）从地区上看，直销人员分布将越来越广（见图1-2）。

图1-2　直销企业全国分布情况

通过商务部公布的信息称：直销员人数在10万人以上的地区有11个，较2014年增加了2个。同时据直销同城网了解到，在2016年获牌的11名"新兵"不仅使我国直销行业规模进一步扩大，还让陕西、山西、青海等内陆省份诞生出该区域首家直销企业，中国直销行业版图进一步扩张，直销人员分布也进一步扩大。相信随着直销企业尤其是内资企业不断拿牌，直销人员遍布中国即将成为现实。

（2）从学历上看直销人员学历将越来越高（见图1-3）。

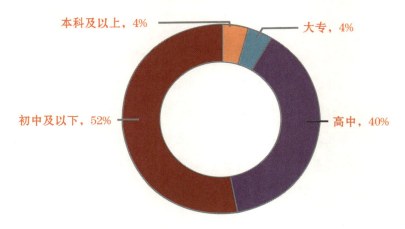

图1-3 直销人员学历分布情况

如图1-3所示，直销员初中及以下学历的占52%，高中学历占40%，大专学历占4%，本科及以上学历4%。

可见直销人员的学历水平总体较低，但是相信随着直销企业近年来人才战略的启动，直销人员的学历水平将会大幅度提升，将行业从业人员水平向着高学历、高水准、高收入目标跨进，从而有效促进直销行业更快发展，更大迈进。

（3）从年龄上看，直销人员年龄将越来越小（见图1-4）。

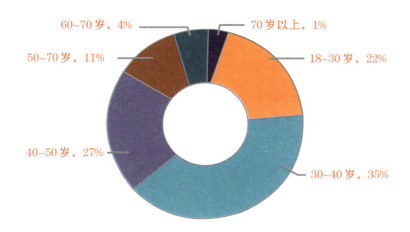

图1-4 直销人员年龄分布情况

如图1-4所示，18~30岁的直销人员占22%，30~40岁的直销人员占35%，40~50岁的直销人员占27%，50~60岁的直销人员占11%，60~70岁的直销人员占4%，70岁以上的直销人员占1%。

可见直销人员以中青年为主，但随着直企人才战略的发展，连接高校活动的推动，人才精英的引进等措施，直销人员的年龄层次将会不断年轻化，给直销行业注入更多年轻的血液，激情的动力，从而形成更适合行业长远发展的年龄层次。

以上就是直销行业人员发展的总体分析，不管看历史还是看现在，都能够发现直销行业在不断向着更好更强的未来迈进；不论是从业绩、产品、制度、系统还是人员等方面，直销行业都在不断随着时代改变、创新；不断向着市场扩张、奋进。

相信直销行业会随着自身的强大和发展带领更多直销人员实现梦想和荣耀，生命不息，奋斗不止，直销行业正在飞腾超越的道路上不断前进！

（备注：上述统计表来自于直销同城网）

2. 中国在册直销人员情况

据官方统计，我国注册直销人员数量已经突破280万人。

五、中国直销行业接轨"一带一路"倡议

2013年9月，中国国家主席习近平在出访中亚和东南亚国家期间，先后提出了共建"丝绸之路经济带"和"21世纪海上丝绸之路"的重大倡议，众多国家积极响应，加入到"一带一路"的发展队伍中。"一带一路"不仅是国家间的发展战略，也是众多直销企业的发展战略，直销企业积极响应国家政策，开始搭乘"一带一路"列车，实施走出国门、走向世界的计划。

1. 完美：以侨心侨智全面融入"一带一路"

2017年，完美公司紧跟国家"一带一路"倡议，在企业发展同时，充分发挥融通中外的优势，在国际经济、贸易、文化、慈善等领域积极作为，为促进中外民间合作、增进国际友谊等方面贡献力量，成为"一带一路"建设实施的完美使者，努力承担"一带一路"倡议给予侨商、侨企的使命。11月27日，由完美公司资助的"2017中国文化行——'一带一路'完美禅武文化营"在广州禅武中心举行开营仪式；12月8日，由完美公司资助的2017中国文化行"一带一路"完美江苏营在扬州举办。完美董事长古润金认为，侨商在文化融合、民间友好、民心相通上具有天然优势，在参与"一带一路"建设中能够发挥重要作用。侨商既是投资者，也是受益者；既是共建者，也是共享者。

2. 隆力奇：践行"一带一路"倡议推动全球化发展

2017年12月17日，隆力奇与尼日利亚莱基自贸区签订战略合作协议，规划在尼日利亚建设"一带一路"沿线首个人工智能化工厂，为隆力奇在

尼日利亚、南非、喀麦隆、刚果等非洲分公司提供全面的大供应链、产品保障和通关等整体服务。隆力奇走出国门，整合海外资本，成立合资公司，调动当地资源，快速拓展国际市场，第一时间吸收西方先进的管理技术、科研技术，并且在海外的产品中具备了中国元素，不管是日化还是中医保健等产品，都具备了巨大的市场潜力，得到当地人民的认可，也促进了市场迅速发展，成为建设"一带一路"的样板企业。隆力奇先后在138个国家或地区注册了商标，获得国外授权专利多件，在全球设立了八大研发机构，以知识产权和技术研发为先导，大力夯实国际市场。隆力奇将积极在"一带一路"沿线国家进行品牌布局和发展，将隆力奇这个民族品牌沿着"一带一路"走向世界，尽一个民族企业应尽的责任。

3. 如新："一带一路"推进构建人类命运共同体

作为一家在美跨国企业，如新集团的全球发展战略与中国"一带一路"发展倡议高度契合，市场范围涵盖整个"陆上丝绸之路"和"海上丝绸之路"沿线，其中的18个市场分布在"一带一路"沿线国家和地区中。一直以来，如新集团都将公司全球市场的发展重点放在"一带一路"的源头——中国，通过"一带一路"连接两头，在美国形成完整的丝绸之路圈。如新不仅积极响应和拥护"一带一路"发展倡议，更抓住时机，顺势而为，推动企业向国际化和现代化发展的深层次迈进。

4. 罗麦：用中国智慧实现事业共赢发展

罗麦用科技创新发展企业，与来自德国、以色列、瑞士、法国、荷兰、印度六个国家的公司合作成立罗麦联合研发中心，开始了同世界高新技术企业的接轨。作为一家根植于社会主流群体的企业，罗麦紧跟国家政策导向，顺势而为，趁着国家"一带一路"建设的良好势头，在全球产业链中发挥更加重要的作用。

5. 和治友德：中医养生推动"一带一路"

在国家"一带一路"的倡议下，和治友德综观大局，结合中国市场与海外市场发展情况，和治友德"F2030"战略规划应运而生。2017年6月7日，受中国驻俄罗斯大使馆的邀请，和治友德作客中国驻俄罗斯大使馆，共商"一带一路"框架下的行业新机遇。作为中医养生文化在海外推广的先行者，同时也是海外市场最为成功的中国民族直销企业，和治友德在发展的第二个10年开始之际，用实力展示了企业未来十年发展新的起点和新的高度。在未来的发展道路上，和治友德肩负重任推动中医行业在"一带一路"倡议下的健康快速发展，打造世界上最成功的健康养生事业。

6. 金天国际：以"一带一路"振兴中医贡献金天智慧

金天国际作为"经济全球化"的共建共享者，积极响应"一带一路"倡议，加快"走出去"的步伐，不断拓展欧洲、北美、非洲、东南亚等区域市场。2017年11月，金天国际俄罗斯分公司进入全面运营阶段；同时，金天国际印度尼西亚分公司开始组建。在现有国际市场基础上，金天国际实施全球一体化战略，进一步拓宽生态保养在拉脱维亚的市场空间，坚定不移地推动"一带一路"发展，弘扬中医养生文化，深化三维动态式特许专营模式，形成无障碍自由贸易和互利共赢的良好局面，为推进生态保养产业化进程提供强大助力。金天国际还出席了APEC峰会、博鳌亚洲论坛、中欧工商峰会，积极适应并参与"一带一路"国家"多边"贸易，参加中越经贸论坛、中爱经贸论坛、中比经贸论坛、中拉经贸论坛的洽谈，以更加开放、包容、共享的姿态，加强国际生态健康领域的交流与合作，以缔造首个国际化中医养生品牌，为弘扬中医养生国粹、振兴中国民族品牌贡献金天智慧。

7. 理想科技：打造中国茶世界品牌

理想科技强调以理论市场、产品市场、资本市场同时运作，以"健康思维、直销思维、电商思维"整合资源,以超前的"全产业链"战略布局,引领大健康产业时代。在经济新常态下,焦家良博士带领龙系企业以全产业链模式,连锁、直销、电商的跨界混搭等创新举措和多种业态,实现了企业快速发展,形成了个人创业、项目创业、混合创业的发展模式。2017年理想科技龙润姓氏茶、龙润白茶登陆纽约时代广场纳斯达克"世界第一屏",站在世界的十字路口,展示中国茶品牌形象,展示中国茶文化的魅力,向全球传递着健康的"茶生活方式"。

第五节　中国直销产业的发展有巨大空间与美好前景

一、从人口基数来看

中国约有14亿人,是世界上最大的人口资源大国。

按照国际社会一些国家,比如韩国、马来西亚的经验来看,其直销参与者占人口的比例达20%,即我国按照此比例,应当可以有2.8亿人从事直销行业。而目前,我国只有3000万从业人员,正式注册的直销员只有280多万人。

因此,我国直销行业参与人数的发展空间巨大。

二、从直销企业数量来看

截至2018年9月,我国获牌直销企业还不到100家,而国外有一些国家,直销企业多达几千家。因此,我国还有足够的批牌直销企业将产生。

三、政策底蕴:直销管理环境大大变好

2005年,我国直销法规正式出台,标志着直销行业有法可依时代的到

来，标志着合法直销时代的到来。直销管理的环境逐步改善。

管理部门鼓励有条件的企业申请直销牌照，直销批牌速度不断加快。地方政府在政策方面支持药业企业、健康类企业进行营销方式变革，向直销模式靠拢。直销法规在不断完善，比如产品范围的放宽。

四、舆论底蕴：直销行业的社会口碑越来越好

主流媒体不断释放直销行业的良好消息，高度评价直销企业的社会责任。老百姓对直销的看法发生根本性改变，支持直销、参与直销的热潮正在形成。

五、参与热度：出现了两大可喜现象

从企业与社会公众参与角度，我们深刻地感受到了直销的参与热度。其中，出现了两大令人可喜的现象。

第一，传统大型企业纷纷转型直销。譬如，从哈药企业开始，天士力集团、康美药业、盘龙云海、东阿阿胶、同仁堂等上市企业与医药企业，纷纷走入直销行业。

第二，众多传统企业经营者纷纷投身直销事业。身价几千万元的传统经营者开始做起直销的经销商。

第六节　未来直销"黄金十年"，中国直销的发展方向

中国直销业走过了高速发展的黄金十年。从2016年末开始，整个行业的竞争格局开始呈现出质变的趋势。基于目前的发展态势，未来十年，中国直销的发展方向有如下几点。

一、政策宽松新常态，直销企业数量持续增长，探索行业组织监管和自律

随着国家政治体制、经济体制改革的推进，改革进入深水区，在简政放权、服务型政府建设推动下，直销行业政策宽松步入常态化，国家发牌数量将不断增多。未来五年，牌照将逐渐回归到它作为行业准入条件的本源。

随着直销企业数量增多，行业监管方式的转变，依靠行业组织进行监管和自律或将成为一种补充监管方式。在欧美和亚洲国家，行业协会协助监管和自律的作用已经得到验证，并且这与我国简政放权、将权力下放给市场的方向是一致的。另外，随着行业的发展，整体行业形象偏低制约行业良性发展的问题一直没有得到根本性改善，行业组织在引导行业自律、履行社会责任、重建直销文化方面具有独特的优势，未来有望被赋予重任。

二、健康产业持续扩大，直销成为大健康的重要营销方式

根据国家《健康中国2030规划纲要》的规划，到2020年健康产业的规模将超过8万亿元，到2030年超过16万亿元。在政策上，医疗卫生体制改革和国家对健康产业的顶层设计将推动民营经济涌入这一领域，药企大量转型大健康；在技术上，移动互联网、大数据、云计算在健康产业得到广泛应用，全民健康、健康优先将改善健康服务业的软环境。直销作为健康产品的主要营销渠道之一，其在健康生活方式教育、健康服务和先进成果转化方面的优势，将接力健康产业的高速发展迎来更多机会。

保健食品作为直销的第一大类产品，是市场贡献最大的产品品类。未来，随着健康产业的发展，保健器材以及与健康相关的服务类产品将迎来

高速发展。

三、中国成为全球第一大直销市场，新技术新工具应用引领潮流

中国目前是世界第二大经济体。据林毅夫等多位知名经济学家预测，2030年，中国将成为世界第一大经济体。随着经济和社会的发展，我国将成为数字经济、信息消费第一大国，也成为移动互联网、物联网、大数据、云计算等新技术新工具应用最深入最广泛的市场。宏观经济和社会的发展将给中国直销行业带来全新的变局。

在世界范围内，以中国为核心的亚太地区持续成为世界直销的增长源。中国市场已经成为安利、康宝莱、如新、嘉康利等国际直销公司的第一大业绩来源，无限极、完美等企业依靠深耕中国市场跨入几百亿元级企业行业，本土直销公司隆力奇、中脉等企业崛起，借"一带一路"走出国门。目前，中国直销市场的规模已经突破了2000亿元，未来五年，中国直销市场的体量有望突破3000亿元。同时，中国直销对新工具、新技术的应用已经超过了亚太地区其他市场，未来五年，这里将成为直销与新工具、新技术、新理念结合最深入的地区。

四、品牌化与平台化

作为一种区别于传统销售的新营销模式，直销给中国的消费市场带来了勃勃生机，这是不争的事实，然而前几年的市场却较为混乱。近几年，随着主流直销企业的良好发展，直销企业的市场竞争开始回归本源，即产品和服务能否真正地满足广大消费者的利益需求。在提供优质产品的同时，企业也正在通过电视、网络、户外、平面媒体来塑造知名品牌和积极的企业形象。

随着社会的发展、竞争的不断深化，市场对直销企业提出了更高的要求，尤其是对直销产品和服务的要求更高。为了满足消费者的需求，越来越多直销企业，尤其是大型直销企业致力于健全产品线、提高产品价值、提升产品与服务的品质。这一趋势尤其体现在安利、完美、无限极等直销企业身上。直销企业意识到，奖金制度只是吸引消费者的一个因素，只有产品和服务真正地满足消费者的需求，才能留住消费者，才能保持企业的长期发展。为了留住消费者，直销走向平台化，不断导入更多新产品，搭建商城，包括实体的产品也包括虚拟的产品、服务等。

五、中医中草药养生保健与美容产业跃居行业主流

中医中草药养生保健、美容护肤近年来在直销业中持续升温，与之相关的产品、服务、营销理念也在不断被应用。随着我国国际地位的提升，以及健康产业的发展，作为传统文化精华的中医中草药养生保健和美容护肤理念的文化地位也随之提升，甚至逐渐受到追捧。当前，直销市场中内资企业相当一部分以此为营销理念。在社会和行业的推动下，在现代科技研发的基础上，倡导中医中草药养生保健和美容护肤的理念有望跃居行业主流。

未来，仅停留在营销理念层面将不能满足竞争的需要，必须要依托高附加值的产品和服务、高科技含量的技术以及品牌基础。为了在竞争中占据优势，企业未来也将融入更多元素，如：强化体验性、强化对健康生活方式的引导、为用户提供更多附加服务，如基地旅游、中医养生疗养等。

六、新零售方式融合到直销产业，使行业焕发更大的生机

"新零售"是马云、刘强东近来经常提到的一个词，特别是"无人超

市"刷爆朋友圈之后，"新零售"已从一个概念词落定为零售行业必将迎来的一场技术革命。

面对新零售带来的这股新商业思维，某直销巨头企业敏锐把握了趋势，率先推出卓越体验体系，在业内率先迅速多点布局了新零售阵地，直销企业在新零售时代的机遇逐步显现。

七、新零售新业态的机遇来临

直销行业在市场化运作的过程中，企业都在提高自己核心竞争力，使产业投资具有可持续性，加大力度对直销行业的市场需求进行资源细分，从而避免资源同质化的尴尬。

同时，越来越多专注特定领域的企业进入直销行业，在抢夺细分领域的市场份额。直销企业的这一特质，无疑会使其在发展新零售时占得先机。

同其他企业相比，直销企业接触消费者的方式更加直接，在对消费者的消费习惯的了解、消费场景的改变、消费体验的提升等方面具有明显优势，能够更好地满足消费者需求就是直销企业在新零售时代的机遇。

八、新零售时代的到来无疑也给直销带来了挑战

新零售模式是以信息技术为驱动，以满足消费者各种各样需求的购物场景为核心，将线上、线下的人、货、场三要素重构，形成"商品通、会员通、支付通"的全新商业形态。新零售时代的到来无疑也给直销带来了挑战。

1. 消费需求升级的挑战

时代在发展，人们生活水平也在提高。人们的消费商品不再局限于当初的生活必需品，如今休闲养生等物质和精神享受层面的非必需品在消费

领域上的比重也在不断增加。从某个角度来说，这是新零售中提及的"人"和"物"在变化。

不同时代的人，有着不同的购物习惯和消费需求。线上购物者看重购物的便捷性；而线下消费者则讲求服务与体验。在产品方面，目前直销的产品仍以中老年消费群体为主，如何吸引年轻人的目光，生产出受年轻一代欢迎的产品，这是行业当前和未来都面临的挑战。

2. 销售平台和购物路径的革新

新零售将线上、线下的人、货、场三要素重构，其中的"场"既是线上商家的销售平台，也是线上消费者的购物路径。在线上销售方式发达的今天，以线下经营为主的直销也不得不思考创新平台这个问题。

电商微商等新型营销模式，给直销带来的最大冲击莫过于平台的多样化创新。移动互联网的发达，赋予了新零售在营销模式上的技术支持，整合线上线下资源，打通整个供应链环节，使消费透明化、便捷化。直销仅依靠线下店铺这种模式，在时代的发展潮流中，若不推陈出新，将会被时代淘汰。

3. 品牌、成交系统升级的挑战

今天的直销企业，不能再满足于那种靠开会、口碑传播、一对多的演示和体验等老的方式来做品牌或营销，必须要多采用大众化的品牌营销方式来帮助成交。

过去那种高价位、封闭式的管理模式，依靠信息不对称来获利的方法，已经不适合未来的直销发展，未来的直销模式一定是去中心化、无边界、个性化的。

另外，新零售时代下，生产基地价值的发挥、体验店的运营、经销商关系都会不一样，成交系统也会不一样，这些都将给直销企业带来

挑战。

"新零售"的势头不可阻挡，直销企业应尽早把握时势，分析企业自身资源，借着"新零售"的东风，重新激发企业发展原动力，抢得市场先机，尽早攻占市场。

总之，未来黄金十年，我们看到了合法直销发展的强劲正能量。

直销结合高科技的手段，以人际网为基础，以互联网为技术，以资讯传播网为辅助，以地面店铺网为支撑，数网合一，威力无穷。

我们相信，世界直销诞生在美国，发展在日本、新加坡、中国台湾等国家和地区，辉煌必将在中国。东方人讲究人际关系的特点为直销提供了天然沃土，加上中国经济的腾飞，对新事物具备良好的吸纳能力，因此，直销将是一次伟大而辉煌的商机。

中国直销发展
存在的问题

中国直销在发展道路上，一直面临各种各样的问题，特别是各种传销的如影随形，使直销的发展经历了诸多曲折。而这，正是规范化的需要。

第一节　规范化之殇——影响深远的大案

一、臭名昭著的"1040阳光工程"

据《法制日报》消息，"1040阳光工程"，是新式传销组织，其活动方式明显符合拉人头、缴纳会费、发展下线牟取非法利益的特征，被确认为传销活动。

这个"全国连锁"的传销组织成员，从2007年开始，就在南宁、武汉、合肥、贵阳等地活动，甚至还建了个官方网站。

2014年，这个组织辗转到了诸暨，没几个月，就被警方盯上了。2014年9月得到线索后警方就开始了摸排工作。10月17日，警方成立了专案组，摸清了这个传销组织在诸暨的40多个落脚点和暂住处。

2015年2月10日，"1040阳光工程"在绍兴诸暨的一家咖啡馆里开了一场年会，十几位区域老总都来了，人人

都戴着手指粗细的金项链，开的不是宝马就是奔驰、奥迪。可没等年会结束，这十几号人就被诸暨警方一锅端。

2018年7月，香河警方经过十余天工作，一举抓获"1040阳光工程"传销组织"商务商会"22名骨干成员，捣毁传销窝点47个，遣返200余个下线人员。

绝大多数从外地来北海的"淘金客"，都是被这里一种叫"资本运作"的项目吸引而来。在当地，这个项目还有另外一种颇显气魄的称谓：1040阳光工程。

何谓"1040阳光工程"？简单说，就是入伙时先交69800元，购买21份，每份3800元的份额，入伙次月，"组织"会退19000元，实际出资额即为50800元。然后你的任务就是发展3个下线，3个下线再分别发展3个下线，当发展到29人的时候，即可晋升为老总，开始每月拿"工资"，直到拿满1040万元，就从"组织"里出局，完成"资本运作"。

但如何通过69800元的投资，实现1040万元的收益，这期间的计算过程，老陈说："我虽然做了两年，但连自己都没真正搞清楚，只有到了老总这一级，才会真正搞明白。"

2008年受战友鼓动，真正加入"资本运作"这个"行业"后，老陈才发现，拉下线并不像想象般容易。一年过后，老陈从自己身边的战友、朋友、亲友中好不容易拉来两个下线，连本钱都没收回。2009年他曾返回贵州，打算放弃这个"行业"，然而"我回去又考虑、分析了很久，觉得这个行业还是可以做的，就又到北海来了"。

这回激励老陈"重返旧业"的，是对"1040阳光工程"背后"宏观政策"的重新考量。"说实话，第一次来北海，总觉得还是传销，做起来没底气，回去看了一些材料，又把这件事反复琢磨了一下，最后虽然还是很困惑，但觉得他们说得也有道理，没准这真是中央和地方政府暗地支持的一

项 '国家政策'，要不然，在北海做这个的都是非常精明的人，能力、水平在我之上，为什么那么多人会从事一项看似陷阱的事情？而且这么多年政府说是打击，他们依然在那干？"

老陈所说的"国家政策"，是北海传销"行业"内部对"资本运作""1040阳光工程"的一种自我解读。大意为，由外来人口在北海操作近4年的这个项目，实际是由中央操盘，在北部湾布局，暗中实施的一个"国家秘密政策"，目的是利用该项目为北部湾吸聚资金，带动北部湾的经济发展，实现中国经济增长的第四极。

这种上升为"国家战略"的氛围，即便不是从事"资本运作"的人，在北海的街头也能随意地感受到。每到黄昏和夜幕降临，许多街区的夜市书摊上，便能看到数量繁多介绍"资本运作"的各种期刊、书籍和小册子，虽然有的印刷装帧精美，但明眼人一看就知道是非法出版物。

2010年7月10日夜，记者花15元钱在书摊上买了两本《中国特色北部湾资本运作》和《法制下的资本运作》，书中提到，国家某领导人在一次"传销商座谈会上表示，对正当经营的传销企业，提出'允许存在，限制发展，严格管理，低调宣传'的方针""……五级三阶制的销售模式，不是传销，但要低调发展，地方政府要保护。"

老陈说，在"组织"里，为了说明地方政府对北海"资本运作"是暗地保护的，对媒体每次报道打击传销的行动，说成"这是国家在调控，假装打击，吓跑那些胆小的，也是为了保护更大的团队。"

给了老陈信心的是他在北海生活的亲身经历。在北海，到处是操着各种方言的外地人，而这些人"大多数都跟我一样做这个行业"。在北海的许多住宅小区、宾馆酒楼，也随处可见挂着外地牌照的小轿车。"如果政府真的打击，把传销人员都赶走了，北海就会变成一座空城，当地的商品房、

出租屋、餐饮等行业就会一落千丈。"

于是，2009年的夏天，老陈再次从贵州南下北海。这次他换了一个"组织"，倒是没被打击过，但业绩却仍然上不去，半年后的他又熬不住了。

1. 组织玄机

"组织"自称："这个是国家政策而且是一个秘密的政策，外面的人都不知道，只有您到北海来亲自感受，才能领悟这其中的玄机。我国的改革开放，第一极在深圳，深圳改革开放30年，原来只有20万的本地人口，现在发展到1000多万，怎么发展起来的？中央给了政策嘛，可以走私，率先搞股票，第一拨到深圳的人，都率先富了起来。第二极在上海，新浦东。第三极是渤海湾，滨海新区，现在非常漂亮。那么第四极就是北部湾。我们现在从事的，就是国家政策性的项目。国家给了北部湾四大政策：一是外交权，广西的领导可以直接跟东盟十国交流洽谈业务；二是土地改革权；三是行政体制改革权；四是跟这个项目有关的，就是金融制度创新先行先试权。而玄机就在这里：金融制度创新先行先试权，指的就是虚拟经济，我们叫资本运作，是1992年国家花了29亿元从美国引进来的，国内的经济学家又花了三年时间研究，怎么把它放在我国。1995年国家开始以广西玉林做试点，到1996年下半年才正式移到北海。什么是资本运作呢？简单说就是'短''平''快'，带一小桶水，可以提走一满桶水。日本战后就是靠这种模式经济迅速腾飞，它们叫起搏器，拿到中国来了，我们就叫资本运作。"

2. 血色记忆

2010年7月，广西北海。夹杂咸味的空气从海边吹向城市。正午，烈日下的闹市区人潮如鲫。红灯闪过，绿灯亮起，蝗虫般的摩托车、三轮车将街心淹没，各种汽笛声和拉客仔的吆喝声响成一片。

40多岁的贵州客老陈骑一辆电动车穿行其中。老陈要去的地方，是位于市中心的北部湾广场。走进广场，老陈指着树荫一角告诉记者，两年前的一个上午，就是在这里，他的两个贵州籍老乡持刀对砍。两人是兄弟。结果弟弟被当场砍死，哥哥被砍中脖子，用衣服包着伤口逃走。

和老陈一样，两兄弟都是从贵州过来搞"资本运作"的。弟弟姓徐，哥哥姓林，两人是分别随父母姓氏的同胞手足。"小弟把大哥忽悠来，钱投进去了，大哥想把钱要回去没拿到，差不多7万~10万元的样子，两个人互相埋怨，小弟就约了大哥到广场决斗。"

亲历这场兄弟"决斗"的老陈还拉过架，但"两个人已丧失理智，场面残忍而血腥"。

老陈所述看似离奇的这场兄弟"决斗"，在当地媒体的报道中得到证实。据记者查阅，在2008年10月31日和2009年6月22日的《南国早报》上，分别对此事做了连续性报道。其中2009年的后续报道称：一对贵州亲兄弟在北海市北部湾广场因传销钱财分配产生矛盾，持尖刀斗殴，弟弟被哥哥刺死。6月19日上午，北海市中级法院对这起故意杀人案作出一审宣判，哥哥林凌被判有期徒刑12年。

"这几年，很多外地人被忽悠到北海来，搞'资本运作'，像这样的悲剧还多得很。"老陈站在两年前的凶杀地，充满愤恨地说。2008年上半年，还在贵州水城县经营一家汽车用品店的他，被一个战友叫来北海旅游，随后加入战友的"组织"搞"资本运作"，两年先后投入了30多万元，却收效寥寥。就想把钱要回来，却一直抽身不得。老陈的怨恨，夹杂着自己的懊悔。

3. 打击传销

打击传销，政府态度一直很坚决。中央和自治区领导，无论是从国家

利益、从北部湾利益，还是从其他个人利益来讲，都不可能对传销姑息纵容。北海要建设宜居城市，传销会带来一系列负面问题，会破坏一个地方的经济。有些人会说房子好租了，但这些是短暂利益，是没有远见的。维护好北海的治安环境，政府绝不可能姑息，更不可能谈什么保护和支持。这些所谓的政策都是传销者利用北部湾经济发展的政策来炒作。

外界流传在北海做传销的人数不实。北海本地人有四五十万人，其中市区30多万人，加上流动人口市区共50多万人，公安部门统计的流动人员也才17万人，不可能有二三十万人搞传销！公安部门统计在北海做传销的人员数字是6000多人。

"大量传销人员的存在，推动了北海经济的发展。"传销对经济没有什么推动，搞传销的人没有几个是真正买房的，他只是把钱晃来晃去，一个线骗一个线，上线都把钱拿走了，都买房了他还赚什么钱？对租房，大量传销人员被遣返后，租金会下降一点点，但没有太大影响。政府对传销其实一直都在打击，连续端掉了一些大的传销窝点，已有大批传销人员被逮捕、被刑拘，或被遣送回家。相较以往，北海的传销组织和传销人员已大大减少。

4. 传销案例

在执法部门的持续严厉打击下，传销蔓延势头已有所收敛。传销又改头换面，穿上了"电子商务""网络直销""投资理财""连锁经营"等"马甲"。除了传销的非法本质没有改变以外，传销的蔓延趋势、运作形式等方面都出现了值得警惕的新动向。

也正是在这一背景下，2013年6月3日，国家工商行政管理总局、中央综治办、公安部、最高人民法院、最高人民检察院等12个部门联合发起了规模最大的一次为期3个月的打击传销执法专项行动。《法制日报》视点版曾经推出这组报道，揭秘传销发展新动向，希望能引起社会的警惕和有关部门的重视。

面对猖獗的传销犯罪活动，安徽省合肥市始终保持坚决打击的高压态势，盘踞在合肥的传销组织纷纷被瓦解。合肥市检察机关认为，这得益于合肥市包河区检察院办理的该市第一起组织、领导传销活动犯罪案件。这起涉及59人的陈志愿传销团伙领导传销活动的犯罪案件，让执法、司法机关找到了传销的软肋。

据合肥市检察机关的统计，按照办理陈志愿传销案件所掌握的传销组织内部机制及"资本运作"模式，此后合肥的一些传销组织被迅速击破。从办理第一起案件到2013年，合肥市检察机关在办理违法传销犯罪案件中，共审查逮捕175人，提起公诉45人；2013年1~5月，审查逮捕23人，提起公诉87人。

行业规定所有参加者交3800元作为加盟费，随后每份以3300元计，最多一人可出资69800元购买21股；加入者每人最多可发展3名下线，通过其伞下人员不断发展人头提高业绩，以此获利并得到晋升，级别不同其获利额度也不同。"资本运作"分为五个等级：业务员、业务组长、主任、经理、老总（高级经理）。老总之上，根据业绩与能力又分三个层级：工资收入累计达100万元以上者可提名为体系负责人、工资收入累计达200万至300万元以上者可提名为独立体系负责人、累计收入达1000万元以上者可提名为行业负责人。

行业规定，新成员每购买一份，其线上的三代以内老总每人均可获得500元的工资，三代以外的老总则瓜分"公积金和税款"。根据内部等级不同，其职责权限也各不相同。

陈志愿自加入这一传销组织后，以"资本运作"为名，于2007年11月

和2008年先后发展了陈志敏、莫大刚等人，陈志敏后又发展了孙某某、彭某及叶某某等人，莫大刚发展了范某某、秦某某及郜某某等人。通过组织其伞下人员直接或间接地发展与"复制"，陈志愿、陈志敏在2008年5月已成为老总，二人领导的传销组织迅速发展壮大，至2009年2月前后陈志敏已是独立体系负责人。后二人为逃避广西打击传销活动的势头，于2009年春夏，带领其传销体系陆续迁至合肥，在多处居民小区，继续从事传销活动，其规模从数百人增至近4000人，层级多达25层。

2010年10月，迫于国家打击传销的严厉态势，陈志愿与另一"资本运作"传销组织的独立体系负责人廖怀宇商议，欲将二人领导的传销组织在不改变既有运行模式和网络体系情况下，与合法的直销公司"联营"，企图在合法形式之下继续秘密从事"资本运作"，骗取非法利益。

2011年1月11日，陈志愿、陈志敏及其体系内主要成员19人，在合肥某酒店召开会议时，被公安机关一举查获。

5. 传销特点

新型传销案第一个特点是以"家庭"为单位设立传销场所。如在陈志愿、陈志敏59人案件中，二人于2009年6月至7月左右，将传销团队陆续从南宁迁至合肥。在包河区较偏远的小区内租房，以"家庭"为单位设立传销场所。

倪卫红说，该传销模式，不同于传统的传销，首先不以限制人身自由为手段，强行拉人加入传销组织，而是通过一系列手段，让被骗者逐渐放松警惕。其中，有这么一个细节：新来人到这个"家"后，首先上线会当着新来者的面为其买新卧具、洗漱用品等并为其铺好、摆好，让新来者感到"家"的温暖。其次，针对每个人不同情况采取不同谈话方式，并不谈传销，而是从你曾从事的工作或兴趣谈起，让你逐渐放松警惕，落入巢穴。

第二个特点是发展下线犹如细胞分裂。该传销组织，虽仍以3800元为一份虚拟份额，让参加人先缴纳3800元取得会员资格，但从第二股开始每股为3300元，鼓励成员一次性购买11股或者21股，目的是让其直接成为主任，从而获取更多返利；发展份数达到一定份额，层级相应提高，提成比例虽有不同，但因份数的增加，其提成也水涨船高。在陈志愿传销案件中，因不少体系成员在加入传销组织前小有产业，因此大多一次性购买21股，起步便是主任，能力突出者用时不到一年即成为A级老总。

正是在利益前景驱使下，一些受骗者心甘情愿、死心塌地加入传销组织，并在他人指导、配合下不断"复制"，将亲朋好友一个个拉入传销组织。

倪卫红说，在传销组织中，每个成员至多可发展3个下线，3条下线不断"复制"人员，犹如细胞分裂，组织规模不断发展、扩大，逐渐形成金字塔式的组织结构，并成为该组织的"资本运作"模式。

第三个特点是"薪火传承"式传销组织游戏规则。该传销组织内各层级之间互不往来，仅限于同层级交流，传销组织的游戏规则犹如"薪火传承"，不同层级掌握不同规则，上线始终掌控最根本的游戏法则，并有一整套工资提成及奖惩制度予以保障。

工资分配提成方法，"咨询线"（实际就是输血线）始终畅通无阻，保证了上线永远对下线的紧密控制，金字塔的最上层永远是最大获利者和持久获利者。

第四个特点是参加人员文化程度不断提高。在前期所查办的传销案件中，被告人文化程度多为小学、初中文化程度，运作模式也较为简单，属于粗放型。而在陈志愿等59人案件和后期所办案件中，被告人文化程度普遍提高，既有小有所成的商人、退伍军人、大学讲师，还有一些年轻的大学毕业生。一些人社会阅历丰富，具有一定的反侦查能力。长丰县检察院

侦查监督科长蔡涛告诉《法制日报》记者，长丰县检察院办理的一起案件，10名犯罪嫌疑人中有7人是大学毕业生，这背后的缘由和后果不能不引起社会更多关注。

第五个特点是混淆传销与直销，有很大隐蔽性。据办案检察官介绍，从所办的一些案件看，传销案件与一些故意伤害、盗窃抢劫刑事案件不同，一是其组织成员较为自律，对当地老百姓干扰较小，祸害行为较小，因此不易引起百姓反感；二是组织者对传销人员精神控制较多，有一整套教育、培训方案对内部人员进行洗脑和调控。

二、"太平洋直购"传销大案

2009年以来，江西精彩生活投资发展有限公司董事长唐庆南等人以"太平洋直购官方网"电子商务为幌子，以发展下线获取层级返利为诱饵，以"拉人头""收取入门费"等方式发展渠道商，收取保证金，获取非法利益，造成了严重的社会危害，涉嫌传销违法犯罪。2012年12月18日，南昌市中级人民法院开庭审理唐庆南等人涉嫌组织、领导传销活动犯罪案件。

2013年8月30日，江西省南昌市中级人民法院一审以非法组织、领导传销活动罪对唐庆南等6人分别判处3~10年有期徒刑。

2008年12月，唐庆南创办开通了太平洋直购官方网站，以"收取保证金""购物返利"等形式推出了涉及供应商、渠道商、消费者和电子商务平台四方的BMC模式。

利用BMC模式，江西精彩公司很快打造成了一家资产超亿元的企业，旗下拥有包括"太平洋直购官方网"在内的多个平台，据接近唐庆南的人士介绍，事发前公司每月现金流高达近亿元。

截至2012年4月9日，江西精彩公司共发展渠道商12万名，发展其他会员600万名，其中，最高级别的全球诚信渠道商47人，最低级别的合格诚信渠道商5.6万多人。公司账面反映收取保证金65.9亿元，其中实际收取37.9亿元。

虽然唐庆南先前就曾接受过公安机关调查，但南昌市公安局于2010年11月11日撤销了该案，并认为江西精彩公司涉嫌组织、领导传销案不构成犯罪。

2012年4月15日，唐庆南等8人再次被调查，并被逮捕，江西精彩公司也被查处。

此案2013年8月30日于江西省南昌市中级人民法院一审宣判

三、"善心汇"

据中国消费者报·中国消费网消息，近日，陕西省西安市新城区人民法院审结了一起"善心汇"传销案件。法院以组织、领导传销活动罪，判处被告人刘某有期徒刑1年6个月，并处罚金10万元。据悉，该案系"善心汇"特大网络传销组织在陕西境内的首例判决。

2015年以来，张某明（另案处理）、黄某权（另案处理）等人创建善心汇众扶互生会员系统，又称善心汇新经济生态系统（简称"善心汇"）。参与者若要加入该系统，需要花费300元购买"善种子"激活账号，之后可获得静态与动态提成收益。

据了解，静态提成收益模式是指：会员激活以后，可参与静态模式布施（又称赠予，即打款给其他会员），根据会员打款的金额分为特困、贫困、小康、富人、德善、大德6个不同社区，投资金额从1000元到1000万元不等，根据打款金额的不同，每次等待布施与受助的时间以及消耗善

心币数（1~5枚，100元/枚）都有不同。待系统自动匹配一至多名受助人以后，等待其他会员向他布施打款，受助金额是其打款布施金额的100%~150%。

动态提成收益模式是指会员每发展一名下线，可以拿到该下线参与静态投资金额的6%作为奖励，但实际只能提现3%，还有3%转为"善心币"。会员可以拿到1代（6%）、3代（4%）、5代（2%）下线的奖励收益，形成了"善心汇"独有的"跳级、分润奖励机制"。会员通过发展下线和在系统中购买相应数量的"善种子"成为高级会员。高级会员又分为A轮、B轮、C轮服务中心会员。高级会员向公司购买"善种子""善心币"时可以享受五折至八折优惠，然后再向5代以内下线销售，从中获利。

2016年7月，被告人刘某经邓某（另案处理）介绍，花费300元购买"善种子"后成为"善心汇"会员，后在会员系统内"布施""受助"，并积极介绍他人参加"善心汇"。2017年5月，刘某升级成C轮服务中心会员，享受到购买"善种子""善心币"的购买优惠，并向5代内下线销售，赚取差价。2017年7月25日，刘某被公安机关抓获。

经查，刘某账户的创建时间为2016年7月16日，在整个会员网络中处于第10层，其下级网络有20层、18799个会员账号。该账户共完成19次交易，累计金额达29.8万元，20次"受助"，累计金额达32.56万元。截至2017年7月24日，已支出"善种子"2043个，剩余"善种子"26个，已支出"善心币"8472个，剩余"善心币"36个，已支出"善金币"10662个，剩余"善金币"287520个，管理钱包已支出13.76万元，剩余157772元。

西安市新城区法院以组织、领导传销活动罪，判处被告人刘某有期徒刑1年6个月，并处罚金10万元。

四、云联惠传销

云联惠投3.5万元年返利18万元，你相信吗？如果你相信的话，那就亏大了！就在2018年5月9日，返利平台云联惠传销被摧毁了。是不是意想不到？其实，也不能说完全没征兆。因为，这两年有不少人举报云联惠涉嫌传销和非法集资，国家早就关注这个平台了。

利用消费者对返现的渴望，鼓励他们"交会费注册会员""拉人头，抽提成"，云联惠的会员制度又是熟悉的配方熟悉的味道。难怪经常有消费者向国家工商行政管理总局、广东省工商行政管理局举报云联惠，称其涉嫌"传销"。

如果是用会员费来补返还的窟窿，很可能就是庞氏骗局。规模小时，平台或许还能勉强维持"拆东墙补西墙"的平衡，一旦规模变大，资金链断裂是迟早的事。据央广网报道，中国人民大学法学院副院长杨东表示："目前虽然没有明确证据表明其是庞氏骗局，但是会朝着这个方向发展，平台做大后要想维持这么高成本的运营几乎不可能，必然会走向犯罪。"

云联惠持有消费者和商家的"未提现沉淀资金"，很可能涉嫌"非法集资"。有关专家和部门都提示了这一风险。2016年9月，广东省工商行政管理局明确表示云联惠可能"涉嫌非法集资"。中央财经大学法学院教授黄震在接受采访时表示："云联惠没有经过事前审批，没有获取金融牌照，向不特定公众吸收资金，可以初步认定为非法吸收公众存款；另外，也没有第三方做存管，卷款逃跑的风险很大。"

终于，政府部门搜集了足够的证据，证实云联惠就是传销平台，非法集资罪名成立。所以，公安部才雷霆出击，将云联惠总部依法关闭。发生

这样的事情，投资者应该感到庆幸，因为可以避免再被骗下去。在此，希望这些受害者能够吸取教训吧！

此案2019年3月30日于宜章县人民法院开庭审理

五、广西一号传销案件

2011年11月，南宁市公安局经侦支队通过调查，掌握了一伙外地传销人员在南宁从事违法犯罪活动的情况。2012年1月18日，南宁市公安局接到公安部经侦局转来的传销线索，经过研判发现，该线索与南宁正在侦办的案件相互关联，于是决定并案侦查，并将代号定为"1·18"专案。2012年4月6日，南宁市经侦、巡警、特警、消防等多个警种对"1·18"特大传销案件的组织领导者实施抓捕。2013年9月9日，该案在广西南宁市西乡塘区人民法院一审公开开庭审理。2014年4月28日，广西南宁市中级人民法院一审公开宣判，118名被告人均犯组织、领导传销活动罪，分别被判处1年7个月至10年不等的有期徒刑，并被处以人民币10万元至200万元不等的罚金。

1. **传销体系**

该传销体系成员超1900人，涉及新疆、安徽、四川、山东、甘肃等多个省（自治区），层级超40级，内部人员分工明确。底层传销人员负责引诱别人加入组织，经理级别人员主要负责管理好自己的下线人员，向上线汇报下线人员加入情况，下达上线的行业通知、指示信息，组织下线人员召开行业工作会议，进行邀约技巧培训、传授给新人洗脑的方法等。老总所管辖下线人数、瓜分下线上交的钱财则更多。

2. **侦查取证**

以"纯资本运作"为幌子，涉案资金累计高达数亿元。

"一直以来，南宁市公安局始终保持对传销违法犯罪活动的严打高压态势。"广西一号传销案"担任前线指挥长的南宁市公安局党委副书记、副局长吕文说。公安部经侦局专门派出工作组对该案侦办进行指导。自治区副主席、公安厅厅长梁胜利亲自对案件侦办人员做出指示,自治区公安厅副厅长梁宏伟及经侦总队总队长李庄浩多次组织区、市联席会议研究案情,并从全区公安机关调集精干技术力量增援案件侦办。

为此,南宁市公安局专门成立了"1·18"专案指挥部。担任总指挥的南宁市副市长、市公安局局长廖洪涛介绍,由于该案涉案人员众多,传销体系内部结构错综复杂,团伙成员警惕性高,行踪飘忽不定,经常变换落脚地点,其可能用于传销活动的银行账户也多达近千个,资金流量庞大,这些都给专案民警带来了空前的侦查难度。

为了早日铲除这个滋生在社会肌体上的"毒瘤", 南宁市公安局调集全局各警种精兵强将投入侦查工作。民警们每天都奔走在南宁市的大街小巷调查走访,往返于各类金融机构,追踪可疑账户的资金流向。为了把所调查的信息尽快串联起来形成有效的破案证据链,民警们白天在外调查,晚上加班加点将线索进行分析甄别梳理,逐条寻找有价值的线索。

在民警们的不懈努力下,侦察到以常某某为首的传销网络的组织结构、人员成分、运作模式、资金流向等情况,掌握了该传销体系的活动规律,锁定了主要涉案人员。经查,该传销组织以"纯资本运作"为幌子,自2009年以来通过拉人头、收取入门费发展下线形式从事传销非法活动,形成了涉案人员达数千人的超大型传销网络,涉案资金累计高达数亿元!

3. 抓捕行动

2012年4月6日上午8时,南宁市经侦、巡警、特警、消防等多个警种500多名民警组成50个抓捕小组,对"1·18"特大传销案件的组织领导者实施抓捕。

8时38分，涉案的400多个银行账户被及时冻结。警方抓获高层组织领导者达18人。10时，该传销团伙的高层组织领导者相继落网，为了及时了解案件发展情况，掌握现场信息，指挥部领导又驱车赶往抓获常某某等一号、二号嫌疑人的现场，突审犯罪嫌疑人，查看扣押的相关物品，指挥民警现场办案。

6日的抓捕行动一直持续到深夜。为进一步扩大"1·18"专案战果，4月7日凌晨5时，南宁市委、市政府统一组织公安、工商、综治等部门，在全市范围内开展打击传销集中清查整治行动，通过对抓获的传销非法活动人员进行审查甄别，又抓获"1·18"专案涉案人员376人。

4. 涉案情况

2012年4月6日启动收网抓捕行动，一直持续到8日，南宁警方已抓获该案的高层组织领导者63人，骨干成员228人，以及其他涉案人员一批。其中，263名主要涉案人员被刑事拘留，首要犯罪嫌疑人常某某和传销网络核心人员马某某、李某某等均已落网。

5. 物品

截至2014年4月8日上午8时，警方已查获涉案账户400多个，依法冻结涉案资金6690余万元，缴获高级轿车、电脑、账册、银行卡、电话卡等涉案物品一大批。

此案2014年4月27日于广西南宁市西乡塘区一审公开宣判

第二节　记忆深刻的典型传销案件

据中国工商报消息，2013年6月25日国家工商行政管理总局公安部在京举行打击传销通报会公布了工商、公安部门查办的十起重大传销案件，提醒广大群众，对各类传销活动提高警惕，严防上当受骗。

一、广西"10·16"特大传销案

2012年12月6日，广西南宁公安机关在前期缜密侦查基础上，在广西、北京、吉林等地同步行动，成功破获"10·16"特大传销案，抓获该传销团伙A级头目70余人，逮捕30人，查获涉案款物一批。

侦查查明：2010年5月以来，犯罪嫌疑人刘某某等人以"资本运作"为名，以高额回报为诱饵，要求参加者缴纳5.6万至8.6万元不等的入门费，采取"拉人头"形式，引诱3000余名群众到广西北海、南宁、桂林等地从事传销违法犯罪活动，涉案金额1亿多元。

二、湖南"1·12"特大传销案

2011年1月13日，湖南长沙公安局对辖区内多个传销组织开展集中清理整治行动，成功破获"1·12"特大组织、领导传销活动犯罪案，现场捣毁传销窝点378个，查获参与传销人员4000余名，刑事拘留犯罪嫌疑人128名，传销骨干全部落网。

侦查查明：2011年6月，犯罪嫌疑人姚某某等人流窜至湖南长沙，以"自愿连锁经营业""长沙市绿化工程"等为幌子，要求加入者申购产品份额（3800元为一份，每人申购份额不超过21份，无实际产品），采取"五级三阶制"，在长沙市开福区、雨花区开展传销违法犯罪活动，涉案金额约2亿多元。

三、贵州"5·07"特大传销案

2011年4月11日，贵阳市公安机关会同综治、工商等部门，对经营近一年的"5·07"特大传销案开展集中行动，抓获传销参与人53名，其中刑

拘骨干成员32名，清查窝点24处。

侦查查明：李某某等人打着"西部大开发""连锁经营""纯资本运作"等幌子，采取收取69800元入门费的方式，大肆发展下线人员，从事传销违法犯罪活动，涉及江苏、福建、湖南、广东、广西等地3000余人。

四、"中国明明商"传销案

2012年5月18日至31日，在公安部经侦局的统一指挥下，黑龙江、山西、辽宁、天津、吉林等地公安机关集中行动，成功破获"中国明明商"特大传销犯罪案件，抓获犯罪嫌疑人97名。

侦查查明："中国明明商"全称为"中国特色品质营销全民互助明明商"。该传销组织假冒文化部和中国农业银行（601288，股吧）之名，以虚构的"中国全民借助银行"的名义，打着"十二五扶贫计划""中国特色营销方式"的幌子，以高额返利为诱饵，以"领航人""九大常商""八大常察"等传销组织头目为核心，以先在各地发展"薪种""环名"（下线人员），再由"薪种""生根发芽"的方式，大肆进行"拉人头"式传销违法犯罪活动，涉及10多个省份数万人。

五、"北京中绿公司"传销案

2011年以来，内蒙古、辽宁、黑龙江、山东等地公安机关先后对"北京中绿公司"传销组织立案查处，成功捣毁多个传销窝点，抓获部分顶层头目，教育遣散大量参与人员。

侦查查明：2011年以来，犯罪嫌疑人以推销该公司"康复得胶囊"等产品为名，采取缴纳2900或2980元"入门费"方式发展人员加入，要求参加者积极发展下线，并以其直接或间接发展人员数量作为返利依据，从事传销违法犯罪活动。该组织依据发展下线的数量，将传销参与人分为业务员、组长、主任、科长、经理5个级别，每个级别可获得不等比例的提成，其组织结构符合"拉人头"式传销犯罪"五级三阶"的典型特征。

六、"浙江亿家电子"涉嫌传销犯罪案

2012年5月18日，浙江省金华市公安机关对亿家公司涉嫌传销犯罪立案侦查。当年7月5日，公安部经济犯罪侦查局、国家工商总局直销监管局联合部署全案查处工作，至7月20日，各涉案地公安机关共抓获犯罪嫌疑人241名。

侦查查明：2010年5月开始，浙江亿家电子商务有限公司，依托其设立的"万家购物网"网络平台，推出"满500返500，满1000返1000""消费→免费→存钱""一元返利"计划（即消费满500元的会员每天获得1元返利，承诺500天实现全额返还）等虚假广告，通过举办讲座等形式大肆宣传，吸引消费者注册成为其网站会员，并在该公司吸纳的加盟商处消费以获取返利。该公司通过发展加盟商、代理商、会员，收取一定比例佣金，获取非法利益。截至案发，涉及交易金额280余亿元，涉及渠道商、会员约200万名。

2013年6月18日至20日，浙江省金华市婺城区人民法院公开开庭审理了该案。

七、"军圣营销"组织、领导传销案

2012年3月14日、4月24日，湖南怀化、广东江门公安机关分别对山东军圣公司传销头目及骨干人员涉嫌传销犯罪立案侦查。

侦查查明：2010年2月开始，徐启军等人成立山东军圣营销管理有限公司，推销所谓广告收益权和相关产品，以发展下线、销售产品获得高额

返利为诱饵，从事传销违法犯罪活动，涉及23个省份1万余人，涉案金额过亿元。

2012年12月21日，湖南省怀化市鹤城区人民法院以组织、领导传销活动罪对徐启军等13人依法作出判决，其中判处主犯徐启军有期徒刑8年。

八、"四川幸福缘农业开发"传销案

2012年3月至5月，四川、天津、河北等12个省份公安机关对四川幸福缘农业开发有限公司传销案统一收网，抓获犯罪嫌疑人100余名。

侦查查明：2010年1月21日，陈利军注册成立四川幸福缘农业开发有限公司，主要从事营养餐、福寿酒等产品的销售。当年6月，陈利军伙同彭椿棋等人，租用境外服务器，开设公司网站和会员管理系统，并以此为依托，以推广销售公司产品为名，以公司薪酬奖励制度为诱饵，吸纳会员和发展商铺，并以会员发展下线人数和销售业绩作为会员升级和薪酬奖励依据，从事传销违法犯罪活动。截至案发，共发展会员近万人，涉及29个省份，涉案金额3.94亿元。

2012年6月7日，四川省仁寿县人民法院以组织、领导传销活动罪，分别判处该案主犯陈利军、彭椿棋有期徒刑10年和5年。

九、"斐梵国际"传销案

2012年5月20日，在公安部统一指挥下，山东、北京、河北等17个省市公安机关对"斐梵国际"传销团伙集中收网，抓获包括中国香港籍主犯李某某在内的犯罪嫌疑人57名，扣押、查封、冻结涉案款物一批。

侦查查明：2005年10月，李某某在法国注册成立斐梵国际有限公司，同时成立香港亚太总部、深圳营运中心、北京代表处；2009年9月至2010

年10月，李某某又借用他人名义先后在北京、深圳等地成立了斐梵（国际）集团有限公司等子公司，在此基础上构建"斐梵"传销体系。其将旗下的斐梵网站、菲玛特网上购物商城等网站，伪装成"为女性服务的B2C（商家对客户）或C2C（个人与个人的电子商务）网站"，并宣称任何人可免费申请开办所谓的"网店"。会员可通过直接、间接发展下线，购买该网站"网店"里的产品，获得不同层次的奖励，变相从事"拉人头""缴纳入门费"的传销违法犯罪行为。截至案发，涉案网站发展会员数万人，设立所谓实体体验馆69个，涉案金额高达13亿元。

十、暴力传销呈现黑社会性质

男子拒入传销组织被害，警方追凶14载擒6嫌犯。

15年前，一名男子在广东省广州市番禺区误入传销组织，要求离开时被传销上线人员阻拦，随后被杀害。15年来，广州番禺警方走访十几个省市，调取涉案资料数千份。随着最后一名嫌疑人近日在宁夏银川落网，这起发生于15年前的凶案终于告破。

2004年12月16日，番禺警方接到报警，称在大石街的一片草丛里发现了一只破损的黑色塑料袋，疑似一只人手从里面露了出来。番禺区公安分局刑警大队立即会同辖区派出所赶往现场开展勘查工作。经法医初步鉴定，被害人死亡时间应在两三个月前。由于地处偏僻，视频监控、目击证人无从谈起，现场也未发现有价值的物证，当年还在初建阶段的全国DNA数据库也作用有限。办案人员对周边地区进行调查走访，向全区和邻近县市发布协查通报，并进一步排查近期辖区失踪人员，但侦查工作的困局依然难以突破。

2015年4月，番禺警方终于在DNA库中成功比对出了受害人阿治（化名）的信息。办案民警立即前往位于河南的阿治家中了解情况。原来，

2004年9月，阿治被朋友阿泽以介绍工作为名，从上海引至番禺后失踪。警方从阿泽处了解到，2004年，阿泽误入一个传销团伙，将阿治骗到番禺。传销团伙将阿治接到窝点当晚就给阿治"上课"，阿治得知是传销后当即提出离开，被该窝点的上线人员尚某（男，39岁，河南郑州人）、查某（男，37岁，安徽怀宁人）阻拦。随后，阿治和阿泽被分离到不同窝点。

2006年，随着执法机关对传销活动打击力度的加大，阿泽随团伙转移多地，后被家人发现后带回老家，脱离了该团伙。而阿治却再也没有出现过。

办案人员来到大石派出所档案室，将当年涉及传销的案件档案一一比对，并前往中山、佛山等地，调取同期同类案件档案上千份，比对涉案人员情况。经多方信息印证后，这个已散落在全国各地的涉案传销团伙成员和团伙组织架构逐渐清晰。

"其中，以吴某（男，38岁，安徽安庆人）等3名嫌疑人的信息排查过程最为曲折。"办案民警说。据阿泽透露，当年传销团伙中，"吴经理""王老总"和一内蒙古籍"主任"关系密切，警方研判3人可能为同学关系。

然而，在案件档案中，警方并未找到吴姓男子的信息，只有一名胡姓男子符合相关特征，经分析，民警发现该男子正是毕业于江苏省某专科学校的吴某。但该学校已于2000年并入同市某大学。办案民警前往该校调取数千份档案查看，排查出王某（男，41岁，山东临沭人）、尹某（男，39岁，内蒙古宁县人）两个可疑人物。

随着侦查的深入，团伙另外4名犯罪嫌疑人王某（男，41岁，山东青岛人）、李某（男，43岁，山东沂水人）、程某（男，39岁，浙江嘉兴人）、冯某（男，38岁，贵州遵义人）的行踪，也被警方掌握。

2018年5月11日，在广州市公安局刑警支队及有关部门的大力支持下，番禺警方开展统一收网行动。5月19日傍晚，办案民警来到了离广州千里之外的银川，敲开了兴庆区一间住宅的房门，嫌疑人李某束手就擒。多个抓捕小组分赴山东、河南、内蒙古、甘肃等省市，抓获了以王某为首的9名涉案犯罪嫌疑人。该团伙各级关键人员悉数落网。

面对讯问，犯罪嫌疑人陆续交代，当年阿治因拒绝加入传销团伙被禁锢后，被王某等6名犯罪嫌疑人殴打致死并分解抛尸。目前，王某等6名犯罪嫌疑人已被依法批准逮捕。

第三节　新型传销行为值得警惕

一、浙江四起网络传销典型案例：骗子爱用"新经济"当幌子

据中国消费者报·中国消费网消息，记者近日从浙江省工商行政管理局获悉，自2018年3月开展网络传销违法犯罪活动联合整治工作以来，浙江省打击查处传销违法犯罪活动的力度不断增强。截至6月底，浙江全省共立案查处传销案件132起，涉案金额超11亿元，采取刑事强制措施352人，罚没款950余万元，捣毁涉传窝点25个，遣散涉传人员847人。

浙江省工商行政管理局经检总队相关负责人表示，新型网络传销与电子金融相互交织，往往披着众筹、共享等"新经济"外衣，隐蔽性、欺骗性强，其本质是靠收取入门费、发展人员骗取金钱。浙江省工商行政管理局、省公安厅联合对外公布近期查处的7起网络传销典型案例，希望能发挥警示教育作用，进一步提高公众对网络传销的识别能力和自觉抵制意识。

1. 杭州达辰网络科技有限公司传销案

7月6日，杭州市余杭区市场监管局对杭州达辰网络科技有限公司网络传销行为作出行政处罚，没收违法所得2412928.73元，罚款150万元，合计

罚没3912928.73元。

经查明，当事人开发的移动购物平台"达人店"APP于2016年6月成立，2016年9月正式全网运营。该平台设定，用户缴纳399元（2017年3月之前为360元）的"技术服务费"即可成为店主，并可以邀请其他人员加入。

该平台还制定了上下线制度，层次包括：店主、班主任、系主任、分院长。根据该平台制定的晋级制度，当店主直接或间接邀请的人员累计达到36人即可晋升为班主任；班主任下线团队累计达到666人即可晋升为系主任（可享受供货权）；系主任下线团队累计达到1.2万人，且其中有15名店长晋升为系主任，即可晋升为分院长。

根据平台的销售制度，店长可获得被邀请人单笔订单销售佣金的10%作为提成，其上线班主任可获得16%、系主任可获得5%、分院长可获得6%。此外，店主发展一名新店主，可以获得55元现金和10元优惠券；班主任、系主任、分院长直接发展一名新店主，均可以获得210元现金和10元优惠券。

截至案发，该平台涉及人员达114959人，收取开店技术服务费和销售总收入为57522228.70元。其行为违反了《禁止传销条例》第七条的规定，余杭区市场监管局依法予以查处。

2. 杭州新尚人网络科技有限公司传销案

7月10日，杭州市江干区市场监管局对杭州新尚人网络科技有限公司传销行为作出行政处罚，没收违法所得773849.03元，罚款50万元，合计罚没1273849.03元。

杭州新尚人网络科技有限公司从2017年6月开始，通过"纸哒康生态贸"微信公众号商城销售"纸哒康"纸巾。该平台要求消费者必须支付一定金额，获得相应数量的纸巾，方可成为其合伙人，并获得推荐他人成为合伙人的资格，认购金额分6个等级，从399元至50万元不等，对应不同的权益和奖励。

从该组织的制度来看，合伙人A推荐他人成为合伙人B，A可获得B投资额15%~22%不等的奖励，B再推荐他人成为合伙人C，A还可获得C投资额5%~8%不等的奖励。此外，30名以上合伙人可组建团队并获得团队总销售额2%~3%的团队红利，团队当月消费金额达5万元，团队成员还可获得1%~5%的领导奖。

截至案发，该公司共发展合伙人298人，违法所得77万余元，违反了《禁止传销条例》第七条的规定，杭州市江干区市场监管局依法予以查处。

3. 万享通讯设备有限公司义乌分公司传销案

2017年7月20日，义乌市市场监管局对施某某以长沙市万享通讯设备有限公司义乌分公司的名义从事传销活动作出行政处罚，没收违法所得9.52万元，罚款100万元，合计罚没109.52万元。

施某某以长沙市万享通讯设备有限公司义乌分公司的名义销售手机，以缴纳押金或者分期付款的方式作为准入门槛，将标价远高出市场价格的手机销售给参与者。参与者需要介绍一定数量的人员加入，方可拿回押金或者免于支付分期货款。在此基础之上，还设置奖励模式：参与者直接发展一名下线购买手机，可以获得400元的奖励；"直接"层级的人员再发展一名下线（第二层级称为"辅助"），参与者可以获得50元奖励；"辅助"层级的人员再发展一名下线（第三层级称为"支撑"），参与者可以获得200元奖励。此外，领取手机时即办理开卡业务，且绑定月租套餐，根据3个层级下线的手机套餐费用，分别按照6%、2%、12%的比例返还至参与者银行账户。下线3个层级人数达到一定的规模，即可将人数换算成分数，每月拿出全国会员总话费的10%，根据分数换算成奖励。

该公司于2017年7月10日开始试营业，至7月20日被查处时止，已发展265人。被查获后，施某某仍未停止传销活动，另寻新地址重新开业，再次被义乌市市场监管局查获。共计有340人参与此传销活动，涉案金额达1136525元。

当事人施某某及长沙市万享通讯设备有限公司义乌分公司的行为，违反了《禁止传销条例》第七条的规定，共同实施了组织策划传销活动的违法行为，义乌市市场监管局根据《禁止传销条例》第二十四条第一款的规定作出行政处罚决定。

4."MBI"传销案

2016年9月，台州市公安局椒江分局经侦大队接到群众举报，称椒江区有人加入了一个总部设在马来西亚的"MBI"传销组织。侦查发现，2014年以来，犯罪嫌疑人王某伙同他人打着"游戏理财计划"的幌子，在台州不断发展下线，并在网上向下线人员讲授"MBI"前景，称"MBI"在马来西亚有实体经济。高额回报的诱惑，促使会员不断加入，人数达到1000多人，涉案金额3000余万元。

警方进一步侦查发现，该平台以投资理财为名，要求参加者缴纳700元至24.5万元不等的费用购买该平台发行的虚拟注册币，并取得该平台网站的会员账号。会员间按照加入顺序组成层级，直接或者间接以发展人员数量及缴费金额作为依据返利，宣传投资即有高额回报且只涨不跌，引诱参加者继续发展人员。

2017年5月18日，椒江区公安分局调动警力，在台州经侦支队的统一指挥下开展抓捕行动，凌晨3时许，在椒江章安高速出口抓获60余名涉案人员，5名主要犯罪嫌疑人全部到案。

2018年4月28日，椒江区人民法院作出判决，主犯王某被判处有期徒刑5年，并处罚金20万元，其余人员均被判处不同刑期的缓刑并处罚金。

除上述案例外，同期公布的还有杭州市富阳区市场监管局查处的杭州环猫科技有限公司组织策划传销案，合计罚没153.5万元；乐清市查处的"中国民族品牌网"传销案，5名犯罪嫌疑人分别被乐清市人民法院判处有期徒刑；淳安县公安局经侦大队破获的"赛比安"网络传销案件，淳安县人民法院对涉案的6名主要犯罪嫌疑人分别判处1年2个月至2年9个月不等的有期徒刑，并处罚金。

二、石家庄传销大案中的惊天价格欺诈

据中国消费者报·中国消费网消息，有网络传销组织售卖号称能治愈各种疾病的秘方药水，以购买产品缴纳入门费、"拉人头"发展下线、团队计酬等方式从事经营活动。日前，这一网络传销组织被河北省石家庄市裕华区市场监督管理局查处。《中国消费者报》记者获悉，截至案发，由石家庄市某科技公司主导的这一网络传销组织已发展会员16490人，涉案金额达9336万余元。

1. 秘方药实为消毒剂

"中医世家第六代传人精心研制，祖传秘方大胆创新，现代高科技精选提纯，采用'新一代系列透皮疗法'，不仅见效快、疗效高，而且适用范围广，对风湿、类风湿、肩周炎、骨质增生、腰间盘突出、前列腺增生、乳腺增生等20余种疑难杂症有显著疗效。"这是部分网站对一种名为"长泰灵酊剂"产品的宣传。

2018年4月8日，石家庄市消费者陈女士向该市裕华区市场监管局、裕华区打击传销办公室（以下简称裕华区打传办）举报了这一产品。陈女士在举报信中说，她从2016年接触该产品至今，亲身参与发现，这个采用

"双轨制"销售的产品不仅骗人，而且涉嫌传销。

执法人员调查发现，某科技公司推广的神奇药水"长泰灵"虽然宣称具备"通经活络、活血化瘀、祛腐生肌、调节免疫力"等功效，但产品外包装上的"冀卫消证字〔2016〕第0025号"并非药品批准文号，说明它只是一种不能替代药物的消毒抑菌产品。

然而，这种消毒剂在很多参与推广的人口中，却神奇得很。《中国消费者报》记者从多位知情者提供的数十张"中医透皮疗法推广群、长泰灵推广会员群"聊天记录截图中看到，推广人员提供了大量图文并茂的案例，以证实这一产品在治疗疾病方面的成效。一名推广人员声称："医院3个月无法修复的伤口，我们短短6天就可以改变。你信医院就一直烂，我让你花几百元搞定。"

"疗效神奇"的药品售价自然不菲。记者了解到，"长泰灵"抑菌剂共有一型、二型、三型三种品类，产品均为135ml/瓶，会员价格228元/瓶。而经执法部门调查核实，这些产品的原材料成本价只有31.72元/瓶。

石家庄市工商局相关负责人告诉记者，该产品宣称具有治疗功效，已经超出相关部门批准的说明书内容，扩大了产品适用范围，夸大了产品功效，欺骗和误导消费者，违反了《反不正当竞争法》中"经营者不得对商品的性能、功能、质量、销售状况、用户评价、曾获荣誉等作虚假或者引人误解的宣传，欺骗、误导消费者"的规定以及其他相关法律规定。

2. 买药水还有上下线

5月16日和17日，就在执法人员对陈女士的举报进行调查取证过程中，裕华区市场监管局、区打传办接到了河北省工商行政管理局和石家庄市工商行政管理局转来的国家市场监管总局《关于对涉嫌网络传销线索进行核查的通知》，以及来自全国网络传销监测点（重庆）的检测报告。通知及报告称，销售"长泰灵"的石家庄某科技公司涉嫌网络传销。

据调查，"长泰灵"活动区域涉及河北、山东、山西、辽宁、贵州等多个省市，仅石家庄市就有近3000人参与推广销售。

这瓶小药水到底靠什么影响了这么多人呢？大量一手证据揭露了"长泰灵"以治病救人之名行敛财骗人之实的传销真面目。

执法人员发现，该组织以"入门"须认购商品的形式要求被发展人员变相缴纳费用，并设置金卡、钻卡、VIP共三个等级，每个等级分别对应2500元、5000元、1万元的加盟费用。同时，该组织通过设置"推荐奖、拓展奖、销售奖、伯乐奖、互助奖"等奖励计划形成上下线关系，以下线的销售业绩为依据计算和给付上线报酬，并多层次计酬。

调查中，执法人员发现，该组织还设有"二次消费奖"、分红（团队业绩满10万元，各级管理人员可高额分红）、赠送福利（旅游名额、别墅）等，以鼓励上线通过"拉人头"的方式发展会员。

经过分析研判，执法人员认为该组织奖金模式具备入门费、"拉人头"、团队计酬等特征，其行为违反了《禁止传销条例》等相关规定。

3. 大数据锁定证据

网络传销行为相对隐蔽，人员涉及面广、传播速度快，执法人员如何锁定证据一举攻破难关？

"线上监测、线下实证、多措处置、稳妥善后"，打击网络传销"4步工作法"发挥了重要作用。石家庄市工商局相关负责人告诉记者，案件查办过程中，执法人员利用技术手段对该组织进行了实时线上监测和跟踪监控，查实了该组织的涉传网站主体、域名、服务器托管、网站备案等信息。

同时，执法人员通过关注QQ群、微信、微博等获取重要线索，开展大数据分析，通过电子取证机构对电子证据进行固定，并结合日常收集形成

的网络传销主体、制度等销售信息样本及数据库，对数据进行比对，确定了涉案人员层级图、涉案资金和奖金制度及会员分布等信息，为最终认定其传销行为提供了全部证据。

记者了解到，截至目前，执法部门依据《禁止传销条例》等相关规定，已没收该公司违法所得金额2676万余元、涉案计算机4台，并处罚款150万元，同时责令其停止违法行为。

以治病、养生等名义，攀附"营销创新"等概念，再以"快速致富""高额利息"等为诱饵，是大量网络传销活动的共性。石家庄市工商行政管理局相关负责人接受《中国消费者报》记者采访时表示，网络传销与传统传销一样，无论穿上什么样的外衣，都无法摆脱其非法属性，而所谓的"消费返现、边消费边赚钱"最终都将面临"崩盘"风险，因此，呼吁公众擦亮双眼、理智分析、谨防受骗。同时，一旦发现传销活动，应及时向公安、市场监管部门举报，以免更多人上当受骗。

三、集资建加油站的传销骗局

据中国消费者报·中国消费网消息，山东省曲阜市人民检察院依法批捕两名涉嫌组织领导传销人员。

据了解，2017年7月，以犯罪嫌疑人郭某为首的犯罪团伙，成立"北京中润华油汽车俱乐部"，并依托该公司"中润国际"App，以募集资金建设"撬装加油站"为幌子，声称交费成为会员后可以享受分红、加油优惠，通过招商会、微信群、印制宣传册、口口相传等途径迅速传播，发展了大量会员。该项目设计了层级计酬的奖励模式，声称会员通过发展下线可以获取提成，层级越高、会员数量越多，其获得的提成越多。

目前，警方已接到38名群众报案，涉及金额约89万元，造成经济损失约63万元。鲍某大量发展下线人员达3层，传销人员30人以上。

第四节 中国直销企业自身的运营误区

如果说传销来源于直销企业外部，那么，在直销企业自身的运营之中，同样存在一些明显的误区，并影响着直销企业的规范化运作。

一、跨区域经营

一直以来，有关跨区域经营的报道在直销行业负面新闻中占据很大的比例。为何跨区域经营在直销行业的负面报道中屡见不鲜？其最大的根源在于某些直销企业无视《直销管理条例》，为了提升业绩，通过模糊直销区域的范围，误导消费者，从而进行直销业务的活动。

长此以往，这种跨区域经营已经演变成一种"地下活动"，基本游离在监管之外，问题比较普遍，似乎已成为了中国直销领域内存在的潜规则。由于直销行业的特殊性，直销企业的主要销售渠道为直销员，就不可避免的遇到人员经常性流动及人脉跨越多个地区这些问题，因此也往往容易造成跨区域经营这一现象。

相关专家认为："《直销管理条例》对跨地区经营是有明确规定的。从执法角度讲，对直销跨地区经营抓得比较严。如果只在广东省批准了直销业务，结果在其他省也做了，这个管理比较严；而对超范围的产品的管理相对而言比较松，但超出这个范围就有违规的嫌疑。如果在非直销区域有业务活动，就要看这个公司在当地具体的业务开展情况了。对其监管法规虽然有界定，但在现实中这种界定有一些模糊的地带，在处理上比较困难。"因此，相关部门亟待出台更为完善的法律法规以及严格的监管措施。

规范经营，是我们一直强调的。直销行业形象的提升需靠大家长期共同的努力，而不是喊喊口号就可以实现。

跨区域经营就好像是直销的一场"圈地运动"，似乎谁占据的地盘多，谁就占据直销市场的话语权。当然，这种"圈地运动"应当是被打上违法的标志，直销企业不能为了增长业绩而无视合法经营的规范，这种急功近利的方式损坏的不仅是企业的形象，同时也破坏了直销行业长期以来为了扭转形象而付出的努力。因此，合法的经营不但要靠执法部门的监管，还要靠直销企业的自我约束和自我规范。

提升直销行业形象是一项长期艰苦的奋斗过程，直销企业任重而道远。

二、产品超出范畴

根据《直销管理条例》第四十二条的规定，直销企业违反规定，超出直销产品范围从事直销经营活动的，由工商行政管理部门责令改正，没收直销产品和违法销售收入，处5万元以上30万元以下的罚款；情节严重的，处30万元以上50万元以下的罚款，由工商行政管理部门吊销有违法经营行为的直销企业分支机构的营业执照直至由国务院商务主管部门吊销直销企业的直销经营许可证。

典型案例：

某保健品有限公司成立于1998年，2007年获得直销经营许可资格。2016年1月，当事人在河南区域通过其直销员以直销方式销售直销产品和9种非直销产品（预包装食品）。

当事人根据销售给其河南区域直销员上述9种非直销产品（预包装食品）的销售总金额按当事人现行的计酬方式计算出每月直销员的劳务报酬，通过当事人华东销售分公司向其河南区域直销员开具上述9种非直销产品

（预包装食品）的销售发票，并配送产品、发放劳务报酬、代缴相关税款。

截至被查处，当事人在河南区域超出直销产品范围销售上述9种非直销产品（预包装食品）获得的违法收入共计5480045.22元。

执法部门认为，当事人的上述行为违反了《直销管理条例》第二条和《关于直销产品范围的公告》的规定，属于违反相关规定超出直销产品范围从事直销经营活动的行为。

由于当事人积极配合执法机关调查、消除危害性后果，对自身违法行为积极进行整改，其行为符合《行政处罚法》第二十七条应当依法从轻行政处罚的情形。2017年12月27日，执法部门依据《直销管理条例》第四十二条之规定，没收当事人违法所得5480045.22元，并处罚款25万元。

案评1：对直销违法违规行为的分析

本案当事人的行为属于典型的直销企业违反规定、超出直销产品范围从事直销经营活动的行为。《直销管理条例》第二条第二款规定，直销产品的范围由国务院商务主管部门会同国务院工商行政管理部门根据直销行业的发展状况和消费者的需求确定、公布。按照《关于直销产品范围的公告》的规定，直销产品范围包括化妆品、保洁用品（个人卫生用品及生活用清洁用品）、保健食品、保健器材、小型厨具、家用电器六类。

案评2：涉及直销产品范围的法律规定分析

2016年9月21日，商务部出台《直销产品类别及生产指引（试行）》规范性文件，对《关于直销产品范围的公告》中规定的六大类直销产品的定义及分类、资质要求等做出了明确、具体的规定。直销企业的直销产品可通过商务部直销行业管理信息系统查询，未经审核公布的产品不得通过直销方式销售。直销企业违反上述规定超出直销产品范围从事直销经营活动的，由工商和市场监管部门根据《直销管理条例》第四十二条规定作出处罚。

　　根据相关统计，目前国内获得直销牌照的直销企业销售的直销产品数量有4000多种，且大部分直销企业还未完全涉足所有直销产品类别。

　　近几年来，理论界和实务界均有"取消直销产品范围审批限制"的声音，要求放开直销产品品类限制，由市场进行调节。尤其是国务院印发《关于第二批取消152项中央指定地方实施行政审批事项的决定》取消"直销产品说明重大变更审批"，《商务部关于直销产品和直销培训员备案管理有关事项的通知》相应将直销产品上市销售"审批制"改为"备案制"后，一度有媒体解读认为"直销产品范围或将开放"。对此，商务部专门发文澄清，称国务院取消"直销产品说明重大变更审批"，仅是管理方式上发生变化，即不再需要履行审批手续，但对直销产品范围、直销产品生产企业的要求并没有变化，直销产品范围仍然必须符合《直销管理条例》《关于直销产品范围的公告》等法律规定。

　　客观来说，相对于国外直销行业法制规范和信用约束制度更为健全到位，产品生产、研发、销售等环节更为成熟完善，消费者的消费心理和能力更加理性成熟的现状，直销行业在我国仍处于发展初级阶段，虽然发展较快但尚未完全成为主流的商业模式。应该看到，近年来，相关部门根据直销行业的发展状况和消费者的需求，不断适时调整直销产品的范围。随着直销行业的持续发展和消费需求的不断增长，未来可预期会有更多的产品被纳入直销产品范围，越来越多的产品通过直销模式销售，进一步打破直销产品同质化的现象，为供给侧结构性改革做出更多贡献。但是，在相关法律和政策未作出调整前，直销企业仍然应当严格依据现行法律规定守法经营。

　　在未经批准从事直销活动行为中，一些直销企业通过发展持有非直销许可的普通证照、具有独立经营资质的"经销商""分销商""合作商"，或者在非直销区域实际招募直销员但不发证、不签订推销合同、不备案，却实际组织、唆使或默许其以直销企业名义从事直销行为。

三、培训活动不规范

贵州省工商局曾表示，为规范直销行为，直销企业每一场会议培训须全程记录、全程录音，相关音频资料、纸质讲稿或电子课件等须存3年备查。

据介绍，省工商行政管理局随机抽查了19家直销企业、33场会议培训，对2015年以来各企业会议培训报备是否正常进行核查。抽查中发现个别直销企业未按照相关规定和要求进行信息报备、会议培训报备不及时、报备资料不齐全、培训用语不规范、现场组织不严谨等。

针对存在的问题，省工商行政管理局要求各在黔直销企业，规范相关信息报备、披露、会议培训报备程序和时限要求，逢会必报，不漏报、瞒报、错报等；人数超过300人的，除报送报备表外，还应提交入场券和应急处置预案等。同时，严格规范会议培训现场组织和资料归集存档，每场会议培训须全程参与、记录、监控、录音，相关音频资料、纸质讲稿或电子课件等须存3年备查。

四、虚假宣传

据中国质量万里行报道：截至2018年3月，商务部申请直销牌照公示企业已达46家，在众多申牌企业中，部分企业按捺不住寂寞提前启动直销业务并设计多层次奖金制度扰乱直销市场、坑骗消费者。

GEM：奖金制度涉嫌传销，产品被爆虚假宣传

据中国直销新闻网报道，GEM以加盟、代理、会员等形式收取投资入门费用，以"拉人头"的方式，以缴纳高额入会费或认购商品方式变相缴纳高额入会费作为加入条件，虚假的奖励，GEM的商品价格高于市场合理

价格，牟取暴利。并且存在推荐关系，上下计酬。代理商的业务主要是介绍他人参加，且收入主要来自所介绍的新成员缴纳的入会费，经营者的利润主要来自参加人员的会员费，即公司不以产品销量计算利润，而以发展（骗取）会员的多少计算利益。

涉嫌多层次计酬，根据《GEMVIP会员制》，该公司涉嫌以多层次"传销"计酬方式，九级三阶制度即将成员分为一到九级，即三级会员、业务主任、业务经理、高级业务经理、业务总监、执行总裁、执行董事，并按这九个级别对下线进行抽成；鼓吹说这个制度是目前世界上最人性化的会员制度。

中国直销新闻网发现GEM在网络上的宣传写道："GEM的产品是"三无产品"，没有食字、没有药字，也没有健字！而在我们国家，必须有卫生部门的许可证，药品是药字号的，食品是食字号的，保健品是健字号的，还有所谓的蓝帽子。但是GEM的产品一概不需要这些认证，因为，GEM每一款产品全部都有《国际自由销售许可证》，可以直接给到我们的每一位会员。而这个级别的证书，全球只有两个机构有，一个是健康产业标准的制定者GEM。另一个是德国贝尔药业！而且瓶身上还有一个更厉害的认证DIN药物识别代码，是由联合国世界卫生组织审核、颁发的认证，具有药物的功效，而无毒副作用！"

"GEM产品的特点是：全面性，从头到脚，从里到外，清调补系列我们全部都有。从男性到女性，从老人到小孩，甚至婴儿、孕妇，我们都有针对的营养。举例说明，今天你眼睛不好，我有视力宝；你咽喉肿痛，我有白金锌喉宝；你心脏有问题，我有护心宝；肝脏问题，我们有阻断肝脏纤维化、脂肪肝、酒精肝的强肝宝；肺气虚、气管炎，我们有肺宝；肾亏肾炎，我们有肾宝；更年期的问题，我们有更年宝；想活百岁，我们有益寿宝；想要青春不老，我们还有青春宝；怀孕了，吃孕宝；胃痛胃溃疡，我们有胃康；关节病，我们有关节康；尿频尿急，我们有前列康等。"

第三章

中国直销的
规范化之路

ZHONGGUOZHIXIAODE
GUIFANHUAZHILU

坚持问题导向，这是管理一个行业的智慧。

中国直销发展进程，伴随着诸多的问题，所以规范化之路任重道远……

第一节 法制化进程

一、《禁止传销条例》和《直销管理条例》出台

2005 年 9 月 1 日，《禁止传销条例》和《直销管理条例》（以下简称两个《条例》）正式出台，《禁止传销条例》于 11 月 1 日生效，《直销管理条例》于 12 月 1 日生效。至此，直销的走向只能是单层次，奖金不能超过 30%拨出率。

二、做好两个《条例》的贯彻实施工作

2005 年 10 月 19 日，国家工商行政管理总局发布了关于切实做好贯彻实施《禁止传销条例》《直销管理条例》有关工作的通知。

通知指出：

1. 充分认识两个《条例》颁布实施的意义

我国将有计划地开放直销市场。直销是一种以面对

面服务为基本特征的营销模式，具有减少流通环节、节省广告投入等优点。但其自身的特点，很容易演变为传销，传销也往往以"直销"为名从事非法活动。只有严厉打击传销，才能保证直销市场的健康发展，而严格规范直销活动，才能为打击传销工作奠定扎实的基础。《禁止传销条例》和《直销管理条例》的制定和颁布，为工商行政管理机关开展打击传销和监管直销工作提供了保证，指明了方向。

2. 组织好两个《条例》的学习培训

各级工商行政管理机关要高度重视学习培训工作，将其作为加强能力建设、提高队伍素质的根本性任务，将两个《条例》的培训纳入工商系统的整体培训范围，统筹安排组织，根据实际情况制订培训计划，提出学习的目标和要求，分期分批组织，确保培训质量。

3. 切实抓好宣传教育

各级工商行政管理机关要结合本地实际情况和打击传销工作的安排，制订宣传方案。在宣传的组织方面，要争取地方党委、政府的支持，加强与公安、商务、教育等部门的合作。在宣传形式方面，要借助省、地（市）、县新闻媒体的力量，还可以采用宣传车、宣传栏、招贴画、标语、横幅、公益广告、印刷品、公开信等方式，形成立体宣传攻势。在宣传对象方面，要加强对下岗职工、农民、学生、退伍军人群体的宣传教育。特别要加强在重点城市、重点地区，传销活动多发区和易发区，车站和码头等流动人员密集地区的宣传工作。

4. 不断加强制度建设

为了更好地贯彻执行两个《条例》，各级工商行政管理机关要认真总结近几年的工作，把成熟的经验固定下来，形成制度，长期坚持下去。要根据新的情况，特别是直销市场开放的情况，针对工作的薄弱环节和监管的关键环节，探索有效的办法，推进制度建设，加强组织建设，充实执法队伍。当前各地工商行政管理机关要切实抓好三方面的制度建设：一是积极配合建立本地"政府负责、部门参加、各司其职、齐抓共管"的管理机制，对传销活动实行综合治理；二是建立健全部门协作制度，加强信息沟通，互相支持配合，整合执法资源，进一步加大打击力度；三是根据两个《条例》实施的新情况，结合实际需要，不断完善和建立有关制度。

5. 组织好专项打击行动

2005年9月1日《禁止传销条例》《直销管理条例》出台后，国家工商行政管理总局指出各地要于年底前开展一次打击传销专项行动。重点打击"拉人头"传销、"团队计酬"传销和利用互联网传销。

三、对直销相关问题进行权威解答

2005年12月15日，在两个《条例》刚刚实施之际，商务部发布了关于答复涉及直销业有关问题的函，对《直销管理条例》（以下简称《条例》）及相关配套规章颁布以来，各地商务主管部门对条例实施时需明确的操作事项提出的一些问题，进行了答复。包括如下方面：

1. 关于计划单列市转报企业申报材料

鉴于计划单列市享有省级经济管理权限，计划单列市行政辖区内的企业如申请从事直销经营，可由计划单列市商务主管部门转报商务部。

2. 关于境外投资者从业经验证明

境外投资者申请从事直销经营，应提交其在境外的企业注册登记证明、法定代表人（以公司股东大会或董事会议授予全权代表公司对外进行活动的人）证明、会计/审计机构审验的近三年资产负债表及损益表，上述证明文件须经境外投资者所在国家或地区公证机构予以公证，出具公证文

书（并提供中文翻译件）；境外投资者还应出具其在境外有3年以上从事直销活动经验的书面声明。

3. 关于直销产品标准

直销产品必须符合商务部、国家工商行政管理总局2005年第72号公告规定的直销产品范围，并应符合国家认证、许可、质检或强制性标准；国家未有认证、许可、质检或强制性标准的，应符合行业标准。

4. 关于服务网点

企业申报时，应提交其在拟从事直销地区的服务网点具体方案。方案应能满足不同地区最终消费者、直销员了解商品性能、价格并便于退换货的要求。服务网点不得设在居民住宅、学校、医院、部队、政府机关等场所。

5. 关于保证金缴存指定银行

中国建设银行总行为指定的申报企业保证金缴存银行。申报企业应与中国建设银行总行签订保证金专用账户管理协议后，按《条例》相关规定，将保证金存入中国建设银行总行指定的账户。

6. 关于直销企业省级分支机构

申报企业设立省级分支机构，由申报企业住所地的省级商务主管部门向商务部转报。申报企业跨省、自治区、直辖市设立分支机构的，申报企业住所地的省级商务主管部门应征求分支机构所在地的省级商务主管部门的意见，后者出具的意见应包括对申报企业在本行政区域内设立的服务网点是否符合《条例》第十条第二款规定予以明确。

四、启动直销牌照

2006年3月2日，雅芳（中国）被国家商务部正式授予国内首张直销经营许可证，并表示即将在全国范围内推广直销试点的经验，全面开展直销业务。（截至2014年5月，也是唯一一家获得全国性范围内的直销企业）。

2006年为申牌最高峰，达到29家。近年以来直企申牌意向回暖，2013年全年向商务部递交申请牌照达到13家。另外，据不完全统计，除了商务部已发布直销声明的企业外，还有大量企业欲从事直销，公开表示将或正在准备申牌，这些企业包括三八妇乐、科创中衡、飘安生物、金木、润和实业、康宏、国际、紫光吉美、安发生物、大溪地诺丽、福瑞达、金盟等。

立法两年后的2007年集中牌照颁发，达到17家。而后5年内，牌照颁发速度缓慢，最多一年仅为2011年的4家。而2013年获得直销牌照的直企就有9家，发放牌照速度明显加快。加速了我国直销行业的稳健发展，为直销发展增添新的动力。

五、严格监管，取缔不规范的直销牌照

内资两张惊喜直销牌照的颁发及沦陷。

1. 大连珍奥牌照"得"与"失"

2006年7月31日大连珍奥集团正式获得商务部颁发的直销经营许可证，批文编号是内资01号，也即内资企业第一家获得直销牌照企业。

据了解，当时珍奥集团在全国已有2000多个服务网点，35家省级营销管理机构，245家地市级营销机构，5万多名营销员，已获得国家批准可以输入直销管道的产品有81种。

2006年8月14日，商务部称"珍奥通过媒体进行不实宣传，误导了社会公众，责令其整改"。根据规定，珍奥在整改期间不得开展直销业务。

2006年9月30日，在自己兜里还没捂热的珍奥直销牌照正式被商务部

吊销。

商务部在其声明中表示：在珍奥整改期间，商务部又接到多次举报，反映珍奥集团申报材料存在严重不实问题。经查，其中一些举报内容属实。例如，珍奥集团申报材料称，该公司目前开发多系列产品中，"包括与诺贝尔奖获得者穆拉德博士合作研发的药品、健康食品、化妆品和生发产品"，申报材料还称，珍奥集团已形成"珍奥诺贝尔奖高科技品牌优势"。但穆拉德博士致函商务部的声明表示："珍奥集团公司通过各种途径虚假且高调宣称其公司的某项产品应用了我获得诺贝尔奖的技术，完全不符合事实"。

经调查证实，珍奥集团所称的诺贝尔奖高科技品牌并不存在，其产品也并未获得诺贝尔奖技术支持。珍奥集团在最初申报材料中有虚假内容。因此，根据《直销管理条例》第四十条、第四十三条的有关规定，商务部决定吊销珍奥集团的直销经营许可证。

2. 蚂蚁养殖企业蚁力神直销牌照

2006年7月28日，没有任何直销经验的"谁用谁知道"的大连蚁力神获得直销牌照，并引起当时行业人士惊呼。

据了解，蚁力神养殖专业户的发展速度都超过40%，在册养殖专业户的数量为27万。平均每户投入资金4.2万元，涉及的家庭人口近100万，遍及辽宁省内各地。

"仅仅我们这个镇，为了养殖蚂蚁上交的押金就能达到2000多万元。"沈阳市某县某镇的蚂蚁养殖农户告诉记者，他拿着一份跟辽宁熙焱蚁力神蚂蚁养殖有限公司签订的合同。"因为它的回报率太高了，所以很多农户都希望养殖蚂蚁，回报率是32.5%。"

2004年11月2日，美国食品与药品管理局（FDA）向消费者发出警告，建议不要购买或服用Actra-Rx（实际—处方）和蚁力神牌的产品。

虽然前不久美国食品与药品管理局向消费者发出警告，但没有成为蚁力神拿下"直销牌照"的阻力。

3. 蚁力神以资金链断裂而最终无缘直销

从2007年8月起，蚁力神天玺集团有限公司收入和支出出现逆差，资金链开始断裂，无法履行公司与养殖户签订的合同。

2007年10月，蚁力神开始拖欠蚂蚁养殖户货款，后被揭发蚁力神公司破产。辽宁数万养殖户集体上访，导致蚁力神事件。

2007年11月30日，辽宁省蚁力神天玺集团有限公司进入破产程序。

2007年12月7日，王奉友因组织、策划、煽动"蚁力神"养殖户群体上访，涉嫌聚众扰乱社会秩序罪被依法刑事拘留（后被判为死刑）。

六、直销监管局成立

2006年7月12日新成立了直销监管局，编制隶属于国家工商行政管理总局。其主要工作包括：制定直销监督管理和禁止传销的具体措施、办法；承担监督管理直销企业和直销员及其直销活动工作；查处违法直销和传销大案要案；承担协调相关方面开展打击传销联合行动工作；承办总局交办的其他事项。

直销监管局设立后，各省工商部门也将相应筹建直销监管处。

据悉，该局下设三个处室，分别是打击传销处、调查研究处和直销指导处。

七、中国市场学会直销专家委员会成立

2006年7月，中国市场学会直销专家委员会正式成立。

中国市场学会直销专家委员会，是适应中国直销市场发展的态势，在中国市场学会旗下，组织一批国家行政管理部门的直销研究专家，以及各大专院校工商及法律院系的专家教授而设立的一个以直销业调查研究为主要目的的非营利专家团队。其宗旨是在全面、科学把握中国直销市场动态的前提下，以成员们的研究成果、调查报告去服务中国直销业的健康发展。

其任务是：

（1）对国家颁布的各种直销法规政策，提出建设性意见，研讨有效贯彻的途径，做好政府行政管理工作的参谋和咨询工作。

（2）利用专家成员的学术优势，完整、准确地宣传国家的直销政策。

（3）根据需要，接受有关部门的委托参与国家有关直销项目的专家论证工作。

（4）根据需要，对相关企业的营销运行模式组织政策咨询和专题研讨工作。

（5）参与直销理论研究，组织直销学术出版工作，组织直销学术成果的交流工作。

（6）调查、搜集直销行业的相关案例，从纯学术角度进行直销业相关数据的统计工作，发布《中国直销市场发展年度报告书》。

直销专家委员会设名誉主任、主任、副主任、顾问，并设秘书长、副秘书长若干名。

直销专家委员会自成立以来，在艾家凯主任的领导下，为中国直销的规范化做出了力所能及的贡献。

八、发布《直销企业保证金存储、使用管理办法》

2005年11月1日，国家工商行政管理总局会同商务部发布《直销企业保证金存缴、使用管理办法》，直销企业与指定银行签订的保证金专门账户协议应包括下述内容：

（1）指定银行根据商务部和国家工商行政管理总局（以下简称"工商总局"）的书面决定支付保证金。

（2）直销企业不得违反《直销管理条例》擅自动用保证金，不得以保证金对外担保或者违反《直销管理条例》规定用于清偿债务。

（3）指定银行应及时向商务部和工商总局通报保证金账户情况，商务部和工商总局可以查询直销企业保证金账户。

（4）直销企业和指定银行的权利义务及争议解决方式。

（5）企业在申请设立时应提交与指定银行签署的开设保证金专门账户协议。

九、发布《直销企业信息报备、披露管理办法》

2005年11月1日，国家工商行政管理总局会同商务部发布《直销企业信息报备、披露管理办法》。直销企业设立后应真实、准确、及时、完整地向社会公众披露以下信息：

（1）直销企业直销员总数，各省级分支机构直销员总数、名单、直销员证编号、职业及与直销企业解除推销合同人员名单。

（2）直销企业及其分支机构名称、地址、联系方式及负责人，服务网点名称、地址、联系方式及负责人。

（3）直销产品目录、零售价格、产品质量及标准说明书，以及直销产品的主要成分、适宜人群、使用注意事项等应当让消费者事先知晓的内容。

根据国家相关规定直销产品应符合国家认证、许可或强制性标准的，直销企业应披露其取得相关认证、许可或符合标准的证明文件。

（4）直销员计酬、奖励制度。

（5）直销产品退换货办法、退换货地点及退换货情况。

（6）售后服务部门、职能、投诉电话、投诉处理程序。

（7）直销企业与直销员签订的推销合同中关于直销企业和直销员的权利、义务，直销员解约制度，直销员退换货办法，计酬办法及奖励制度，法律责任及其他相关规定。

（8）直销培训员名单、直销员培训和考试方案。

（9）涉及企业的重大诉讼、仲裁事项及处理情况。

十、强化直销培训的监督管理

2006年2月27日，商务部办公厅发布了《关于核查违法直销培训活动的通知》（以下简称《通知》）。

《通知》指出：近期，我部接到不少地方商务主管部门反映，一些单位和个人自称经商务部批准或授权、委托，对相关企业和人员开展直销培训活动。事实上，商务部从未批准或授权、委托任何单位和个人对相关企业和人员进行直销培训。

《直销管理条例》第十八条规定："直销企业以外的单位和个人，不得以任何名义组织直销员业务培训"。第四十六条还针对违法培训行为，制定了明确的罚则。但是，目前一些单位和个人诈称经政府主管部门同意，巧立名目，以培训、研讨、峰会、座谈会等各种形式违法开展直销培训，扰乱了直销培训秩序，败坏了政府部门的形象。

为认真贯彻《直销管理条例》，维护法规的严肃性，确保直销业健康规范发展，请各地商务主管部门，一是对本省（区、市）违法从事直销培训的情况予以核查，2006年3月10日前将核查情况报商务部。二是禁止参加各类与直销有关的培训活动，慎重参加与直销有关的其他社会活动，防止被一些别有用心的单位和个人所利用。

十一、旗帜鲜明，强化直销监管

2006年2月27日，商务部发布了《关于未经允许不得举办与直销有关的各项活动的通知》（以下简称《通知》）。

《通知》指出：目前一些单位和个人诈称经政府主管部门同意，巧立名目，以培训、研讨、峰会、座谈会等各种形式违法开展直销培训，扰乱了直销培训秩序，败坏了政府部门的形象。

为认真贯彻《直销管理条例》，维护法规的严肃性，确保直销业健康规范发展，防止被一些别有用心的单位和个人所利用，现要求本部各直属单位，各商会、学会、协会，未经外资司、市场建设司和条法司共同委托，不得举办与直销有关的研讨、峰会、座谈会等各种形式的活动。

2006年8月4日，国家工商行政管理总局办公厅发布《关于做好直销监管工作的通知》。

规范直销企业行为，监管直销经营活动，维护直销市场秩序，保护消费者的合法权益和社会公共利益，是工商行政管理机关在新形势下的一项新任务。各级工商行政管理机关要从讲政治、讲稳定的大局出发，予以高度重视。坚持依法行政，从严监管。要加强市场巡查、加强行政指导，要抓住直销企业招募、计酬、培训等关键环节，规范直销行为。要建立直销企业信用档案，研究探索建立规范直销的长效机制。各级工商行政管理机关要及时将直销监管工作情况和查处违法直销案件情况报告国家工商行政管理总局直销监管局。

国家工商行政管理总局将在红盾网站公布直销产品范围、直销企业名

单及其直销产品名录、直销企业省级分支机构名单及其从事直销的地区、服务网点、直销企业保证金使用情况、直销企业、直销培训员和直销员违规及处罚情况等信息，并将派出人员加强对直销企业的监管以及对规范直销工作的指导。

十二、推出《直销行业服务网点设立管理办法》

2006年9月20日，商务部发布《直销行业服务网点设立管理办法》，明确申请企业提交的申请材料应包含其在拟从事直销地区的服务网点方案。服务网点方案应符合下列条件：

（1）便于满足最终消费者、直销员了解商品性能、价格和退换货等要求。

（2）服务网点不得设在居民住宅、学校、医院、部队、政府机关等场所。

（3）符合当地县级以上（含县级）人民政府关于直销行业服务网点设立的相关要求。

十三、指导拿牌直销企业开展直销业务

2007年5月16日，商务部发布《关于获得直销经营许可的企业从事直销经营活动有关问题的意见》。依据《直销管理条例》第十条第二款、《商务部关于答复涉及直销业有关问题的函》（商资函〔2005〕98号）及《商务部关于加强管理直销企业从事直销活动有关问题的通知》（商建发〔2006〕115号）的有关规定，获得直销经营许可的企业，应自批准文件下发之日起6个月内，按其上报的服务网点方案完成服务网点的设立，并向出具服务网点方案认可函的商务主管部门申请核查。核查结果在商务部直销行业管理信

息系统备案后，直销企业方可从事直销经营活动。因此，仅取得直销经营许可的企业尚不能从事直销经营活动，只有完成服务网点核查备案后方可从事直销经营活动。企业备案情况可通过商务部直销行业管理信息系统查询。

十四、指导外资企业申办直销企业

2007年6月11日，商务部发布《关于外商投资直销企业登记管理有关问题的指导意见》。对外资企业设立直销业务进行具体的规范化指导。

十五、再次强化监管工作

2007年11月28日，国家工商行政管理局发布《关于加强直销监督管理工作的意见》（以下简称《意见》）。《意见》指出：

（1）依法对直销企业进行登记管理。

（2）加强对直销企业直销员招募、培训和计酬的监督管理。

（3）加强网上监督管理。

（4）建立健全直销监督管理工作机制。

（5）依法查处擅自从事直销等违法行为，严厉打击传销违法活动。

（6）按照管辖权限开展监督管理工作。

（7）切实加强执法队伍建设。

十六、启用"打传规直"信息系统

2011年11月3日，国家工商行政管理局发布《关于印发〈打击传销规范直销信息系统使用管理暂行规定〉的通知》（以下简称《通知》）。

《通知》指出：为进一步规范"打击传销规范直销信息系统"的管理及使用，有效发挥信息系统在打击传销规范直销工作中的作用，国家工商行

政管理总局研究制定了《打击传销规范直销信息系统使用管理暂行规定》。现印发给你们，请结合本地情况，认真贯彻执行。

十七、"两高一部"出台关于传销入罪的法律意见

2013年11月14日，最高人民法院、最高人民检察院与公安部联合发布了《关于办理组织领导传销活动刑事案件适用法律若干问题的意见》（以下简称《意见》）。《意见》指出：

（1）关于传销组织层级及人数的认定问题。

（2）关于传销活动有关人员的认定和处理问题。

（3）关于"骗取财物"的认定问题。

（4）关于"情节严重"的认定问题。

（5）关于"团队计酬"行为的处理问题。

（6）关于罪名的适用问题。

以非法占有为目的，组织、领导传销活动，同时构成组织、领导传销活动罪和集资诈骗罪的，依照处罚较重的规定定罪处罚。

犯组织、领导传销活动罪，并实施故意伤害、非法拘禁、敲诈勒索、妨害公务、聚众扰乱社会秩序、聚众冲击国家机关、聚众扰乱公共场所秩序、交通秩序等行为，构成犯罪的，依照数罪并罚的规定处罚。

（7）其他问题。

本意见所称"以上""以内"，包括本数。

本意见所称"层级"和"级"，系指组织者、领导者与参与传销活动人员之间的上下线关系层次，而非组织者、领导者在传销组织中的身份等级。

对传销组织内部人数和层级数的计算，以及对组织者、领导者直接或者间接发展参与传销活动人员人数和层级数的计算，包括组织者、领导者

本人及其本层级在内。

十八、调整直销产品范围

2016年3月17日，商务部官方网站发布关于直销产品范围调整的意见，增加了家用电器项目。

根据《直销管理条例》第二条规定，商务部、国家工商行政管理总局对直销产品范围进行了调整，现将调整后的直销产品范围公布如下：

（1）化妆品。

（2）保洁用品（个人卫生用品及生活清洁用品）。

（3）保健食品。

（4）保健器材。

（5）小型厨具。

（6）家用电器。

直销产品应当根据法律法规规定，符合行政许可、强制性认证、强制性标准要求。

十九、27个部门心系消费安全

2017年3月，国家工商行政管理总局发布了《工商行政管理总局等27部门关于开展放心消费创建活动、营造安全放心消费环境的指导意见》，具体内容如下。

近年来，各地大力开展形式多样的放心消费创建活动，着力优化消费环境，为保护消费者合法权益，促进经济社会发展，维护社会和谐稳定发挥了积极作用。为了全面贯彻落实党的十九大精神，进一步推进放心消费创建工作，根据《消费者权益保护法》等法律法规以及《国务院关于印发

"十三五"市场监管规划的通知》（国发〔2017〕6号）等文件精神，现就开展放心消费创建工作提出如下意见。

（一）总体要求

1. 指导思想

全面贯彻党的十九大精神，以习近平总书记新时代中国特色社会主义思想为指导，认真落实党中央、国务院决策部署，坚持以人民为中心，牢固树立和贯彻落实创新、协调、绿色、开放、共享的发展理念，以推进供给侧结构性改革为主线，积极完善促进消费的体制机制，大力开展放心消费创建工作，落实经营者主体责任，推动消费维权社会共治，营造安全放心的消费环境，保护消费者和经营者合法权益，不断释放人民群众日益增长的消费需求，更好地满足人民群众对美好生活的期待，增强消费对经济发展的基础性作用，让人民群众有更多的获得感。

2. 基本原则

坚持问题导向。以与消费者日常生活密切相关的或者消费者投诉举报相对集中的行业和领域为重点，扎实推进消费维权工作。依托互联网、大数据技术等手段对消费者诉求数据进行专业化处理，动态分析消费者诉求热点，确定放心消费创建的重点。

强化经营者责任。经营者是消费维权第一责任人。切实落实经营者消费维权主体责任，督促经营者诚信守法经营。建立健全守信激励和失信惩戒机制，引导经营者积极主动参与放心消费创建工作。

推进社会共治。注重发挥市场对资源配置的决定性作用，更好地发挥各地政府在消费维权工作中的组织、引导、推动作用。充分发挥法律法规的规范作用，职能部门的监管作用，行业组织的自律作用，消费者协会（委员会）和社会公众、媒体的监督作用，实现社会共同治理。

加强协同联动。加强相关职能部门在消费维权工作上的配合，强化部门联动、上下协同。建立健全消费维权工作信息共享、协同配合、联动响应的协作机制，形成消费维权的合力。

3. **主要目标**

到2020年，通过开展放心消费创建活动，努力营造安全放心的消费环境，达到如下目标：

——放心消费示范单位覆盖全国。各地区、各部门推动每年在消费相对集中的行业培育发展放心消费示范单位，逐渐覆盖全国消费较为集中的主要行业和领域、重点经营场所。各省（自治区、直辖市）均建立消费者权益保护部门协作机制，鼓励各市、县建立消费者权益保护部门协作机制。

——经营者诚信守法意识普遍提高。有效强化经营者主体责任，经营者诚信守法意识普遍增强。经营者认真落实消费维权各项制度，主动维护消费者权益，及时将消费纠纷化解在源头、解决在经营者。

——消费品和服务质量明显提升。产品质量突出问题得到有效治理，产品质量保障体系进一步完善。服务业提质增效进一步加快。流通领域商品质量进一步提升。

——消费纠纷解决渠道进一步畅通。构建更加便捷的消费者诉求表达、权益维护和矛盾化解渠道，建设覆盖城乡的消费维权服务站点，及时受理和处理消费者诉求。消费纠纷处理率、消费纠纷处理成功率、消费者对处理结果的满意率逐年提高。

——消费领域重点突出问题得到有效解决。消费环境进一步改善，消费安全重大事件以及区域性、系统性消费风险大幅降低。对社会普遍关切和消费者反映集中的系统性、行业性消费侵权现象实现有效治理和规范，应对处置群体性、突发性消费事件能力不断提升。

（二）全面提升消费品和服务质量

1. 扎实开展质量提升行动

以提高发展质量和效益为中心，将质量强国战略放在更加突出的位置，开展质量提升行动，全面加强质量监管，持续提高产品、服务的质量水平、质量层次和品牌影响力，促进质量发展成果全民共享，增强人民群众的质量获得感。

2. 进一步提升生产领域产品质量

加强生产加工环节产品质量监管，严格生产者质量主体责任，完善质量诚信体系。开展质量问题产品专项整治和区域集中整治，严厉查处质量违法行为。健全质量违法行为记录及公布制度，加大行政处罚等政府信息公开力度。严格落实汽车等产品的修理更换退货责任规定，探索建立第三方质量担保争议处理机制。加大缺陷产品召回力度，建立缺陷产品召回管理信息共享和部门协作机制。

3. 进一步提升流通领域商品质量

引导经营者落实进货检查验收、进（销）货台账、商品质量承诺、不合格商品退市、问题商品退换货、经营者首问和赔偿先付、消费纠纷和解等制度。鼓励网络交易平台、大型连锁企业等经营者作出高于法律规定的保护消费者权益的承诺。进一步规范电商等新消费领域经营行为，打击利用互联网制假售假等侵害消费者权益的行为。加强对老年、婴幼儿等重点人群的消费维权工作，切实做好老年用品、婴幼儿用品的商品质量监管。加强农村日常消费品质量监督检查，提高城乡消费维权均等化水平。

4. 进一步提升服务领域质量

实施服务质量监测基础建设工程，全面提升服务质量。针对我国消费结构正在发生深刻变化，消费升级加快的特点，引导网络交易、网络教育、校外教育、留学中介、托幼、健康、养老、旅游、职业技能培训、文化艺术培训、体育健身、保安服务、家政服务、社区照料服务、病患陪护服务、创意设计、演出、娱乐、上网服务、艺术品经营、网络文化、数字内容等服务消费领域经营者诚信经营，有效规范服务行业市场秩序。以消费者反映问题较为突出的服务领域为重点开展专项行动，通过质量监测、行政约谈、消费调查、公开点评、社会曝光、行业规范等一系列措施，逐步破除侵害消费者权益的明规则、潜规则。

（三）完善消费者权益保护机制

1. 建立责任清晰的主体责任机制

经营者是消费维权第一责任人。建立"谁生产谁负责、谁销售谁负责、谁提供服务谁负责"的责任制。引导鼓励经营者建立产品质量追溯和服务责任追溯机制。实行经营者产品（商品）和服务标准自我声明公开和监督制度，严格落实经营者"三包"制度和缺陷产品召回制度，引导企业落实《服务质量信息公开规范》《服务质量评价工作通用指南》，探索服务质量信息公开清单制度。强化网络交易平台的责任，全面推行消费环节经营者首问和赔偿先付制度。建设快速解决消费纠纷的绿色通道，降低消费者维权成本。实现经营者诚信守法、自主经营、公平竞争，最大限度地激发市场主体创新创造活力。

2. 建立自我管理的行业自律机制

发挥行业组织自我管理、自我规范、自我净化的作用。推动行业协会商会建立健全行业经营自律规范、自律公约和职业道德准则，规范会员行为。鼓励行业协会商会制定发布产品和服务标准，参与制定国家标准、行业规划和政策法规。对被投诉举报较多的经营者，发挥行业组织的作用，监督其纠正和改进。加强行业协会商会自身建设，增强参与市场监管和消

费维权工作的能力。支持有关行业组织发挥专业强的优势，进行专业调解。

3. 建立多方参与的社会监督机制

加强消费教育引导工作，提高消费者维权意识和能力，引导消费者理性、依法维权。充分发挥各级消费者协会（委员会）在维护消费者权益方面的作用，通过开展消费者评议等方式，督促经营者守法经营。推动落实消费民事公益诉讼，实现从主要维护消费者个体利益向更多维护整体利益转变。积极通过人民调解、行业调解、律师调解等方式处理消费纠纷，依法为符合条件的消费者提供法律援助。发挥新闻媒体的舆论监督作用，宣传诚信经营的正面典型，曝光违法经营的不良商家和不法行为。

4. 建立高效便捷的政府监管机制

进一步畅通消费者诉求表达、矛盾化解和权益维护渠道，各部门根据法律法规的规定，在各自的职责范围内及时受理和依法处理消费者诉求。依托"互联网+"，逐步实现对消费纠纷的网上接收、网上调解、网上跟踪督办，推动跨区域、跨境消费纠纷的在线解决。深化"双随机、一公开"监管，依法查处制售假冒伪劣商品、虚假广告、虚假宣传、价格欺诈等各类侵害消费者合法权益的行为。加快各部门、各行业之间消费维权信息共享，建立健全社会信用约束和联合惩戒机制，推动落实黑名单、经营异常名录、警示等管理制度，实现"一处违法、处处受限"。

（四）加强重点行业和领域放心消费创建工作

1. 开展电子商务和电视购物领域放心消费创建工作

在电子商务和电视购物领域深入开展放心消费创建活动，将放心消费创建从线下向线上延伸，积极培育和创建一批电子商务和电视购物领域放心消费创建示范单位。指导电商企业和电视购物经营者自觉履行经营者首问和赔偿先付制度，落实七日无理由退货规定，支持、督促电商平台与电视购物平台切实做好平台准入和退出、质量管控、售后服务、优质网店培育、消费者个人信息保护等工作，促进电子商务和电视购物行业健康发展。

2. 开展旅游行业放心消费创建工作

以旅游景区、旅行社、旅游宾馆等场所和经营单位为主体，积极在旅游等行业开展创建工作，培育一批放心消费示范景区、示范旅行社、示范酒店。完善旅游市场随机抽查、旅游行业相关经营者信用信息公示制度，解决扰乱旅游市场秩序、侵害消费者权益等问题，营造放心舒心的旅游消费环境。

3. 开展食品药品行业放心消费创建工作

完善食品药品安全监管制度和法规建设，强化食品经营者诚信管理体系建设。加大食品生产源头监管执法力度，严厉查处食品、保健食品非法添加、非法声称、欺诈和虚假宣传等行为，实现从"田间"到"餐桌"的全流程监管。继续推动食品安全标准与国际标准对接。深入推进食品安全示范店和餐饮放心消费品牌创建。

4. 开展信息消费行业放心消费创建工作

扩大和升级信息消费，在生活类、公共服务类、行业类、新型信息产品等重点领域加快优化发展环境。加强对电信、互联网等信息通信服务的监管，强化对电信和互联网用户个人信息保护，提升服务质量。规范电信收费行为并组织监督检查，及时处理消费者有关电信服务的投（申）诉，维护消费者合法权益。

5. 开展交通行业放心消费创建工作

引导公路、铁路、水路、民航等交通行业经营者及时处理消费者有关交通运输服务质量的投诉，维护消费者合法权益和运输秩序；依法规范网络预约出租汽车经营服务行为，督促网约车平台公司公开派单算法和动态加价机制；加强对车辆维修行业的监督管理，推动建立全国汽车维修电子

健康档案系统，透明、净化维修市场环境，完善机动车维修服务领域的监管规范和有关标准；加强对机动车驾驶员培训机构的监督管理工作。

6. 开展金融行业放心消费创建工作

推动银行、证券、保险等相关金融机构开展放心消费创建工作，突出抓好金融消费与服务行为的规范与整治，建立完善维权保障体系和常态化监管机制。改善金融服务，维护金融消费者个人信息安全，保护金融消费者合法权益。强化对农村金融消费者权益保护，为城乡居民提供安全、便利、放心的金融消费环境。加大金融消费者宣教力度，推动金融机构准确充分披露金融产品风险特征，鼓励自主开展金融知识宣教活动，促进金融知识宣教常态化。

7. 开展价格领域放心消费创建工作

持续推进价格诚信单位、诚信街区创建活动，完善明码标价和收费公示制度，着力推行"明码实价"。完善经营者价格诚信制度，督促经营者强化价格自律，规范价格行为。强化价格执法检查与反垄断执法，依法查处价格欺诈、价格垄断等违法行为，规范市场价格秩序。

8. 开展公共服务行业放心消费创建工作

着力加强对供气、供水、供电等公共服务业放心消费创建活动的组织引导，强化综合监管和行业规范相结合。开展公共服务质量监测和结果通报，引导提升公共服务质量水平。会同消费者协会（委员会）定期开展公共服务业消费维权调查，并及时公布结果，为消费者提供安全放心的公共服务行业消费环境。

9. 开展快递物流行业放心消费创建工作

加强对快递市场监督管理，及时处理严重损害快递行业消费者权益的案件，保护消费者合法权益。充分发挥快递企业总部对各营业网点的监管作用，及时纠正营业网点的不规范行为。以全国大型快递企业为重点，培育一批放心消费示范快递企业。

10. 开展文化行业放心消费创建工作

深入推进上网服务业和文化娱乐业转型升级，全面开展场所环境服务分级评定。深入实施阳光娱乐行动计划，扩大"夕阳红"项目覆盖范围，鼓励娱乐场所为中老年人提供优惠服务。针对营业性演出、艺术品、网络文化市场消费者反映较多的问题，及时出台管理措施，保护消费者合法权益。健全文化市场信用管理制度，加强日常监管和举报投诉处理，培育和规范新型文化业态，为消费者营造规范有序的文化市场消费环境。

11. 开展教育培训行业放心消费创建工作

加强对学前教育、自考助学及其他非学历教育机构的监管，督促培训机构经营者诚信经营。加强对虚假宣传、虚假广告等违法行为的打击力度，有效解决培训领域侵害消费者权益等问题。

12. 开展美容美发、运动健身等行业放心消费创建工作

着力强化对消费者投诉相对集中的美容美发、运动健身等行业的监督管理，引导相关经营者诚信经营，提高预付卡管理的科学性、有效性。

（五）工作要求

1. 加强地方落实

各地要高度重视消费维权工作，将其作为保障和改善民生的重要内容，加强领导、统一部署、协调推进。各省（区、市）要制订消费维权工作的具体实施方案，细化政策措施，将放心消费创建活动纳入当地经济社会发展总体规划，确保工作责任到位、措施到位、保障到位、落实到位。严格落实地方党委政府对消费维权工作的责任，对有关党政领导干部在市场监管和消费维权工作中的失职渎职行为，严肃问责。国家工商行政管理

总局会同有关部门要密切跟踪和督导评价地方消费维权工作情况，及时总结经验、发现问题，确保每项工作按要求、分步骤稳步推进。

2. 加强部门协作

有关部门要加强对本系统开展放心消费创建工作的部署，围绕本系统消费维权工作的重点领域和关键环节，制定具体的实施办法。加大部门联合执法力度，对重大典型案件挂牌督办、限时办结，对涉嫌犯罪的案件及时移送司法机关处理。依法查办一批侵害消费者权益的大案要案，公布一批典型案例，提升监管执法威慑力。充分发挥消费者权益保护工作协作机制作用，共同研究解决消费维权工作中的突出问题，形成齐抓共管、共创共建的良好工作格局。

3. 加强宣传考核

各地区、各部门要加强对放心消费创建工作的宣传引导，推广先进典型，传播正能量，形成全社会关心、支持消费维权工作的良好氛围。要落实"谁执法谁普法"普法责任制，加大普法力度，广泛宣传消费维权法律法规和政策，有效提高消费者维权意识和经营者诚信守法意识。要加强对本地区、本部门放心消费创建工作的检查指导，加大考核力度，量化考核标准，切实把创建工作抓出成效。

各地区、各部门要认真落实本意见精神，结合实际研究制订实施方案，抓紧出台开展放心消费创建工作的具体措施，明确责任分工和时间进度要求，确保各项工作举措和要求落实到位。

这27个部门分别是：工商行政管理总局、发展改革委、教育部、工业和信息化部、公安部、司法部、财政部、人力资源社会保障部、住房城乡建设部、交通运输部、商务部、文化部、卫生计生委人民银行、质检总局、新闻出版广电总局、食品药品监管总局、旅游局、法制办、网信办、银监会、证监会、保监会、铁路局、民航局、邮政局、中消协。

二十、2018年"三道利剑"连发，打造最严规范标准

进入2018年，新成立的国家市场监督管理总局针对直销行业的规范发展，连发了三个重磅文件，确立了最严的规范化标准。

4月8日，国家市场监督管理总局发布《关于进一步加强直销监督管理工作的意见》（以下简称《意见》）。这是工商总局和食药监局合并为国家市场监督管理总局后，发布的第一份针对直销行业的文件，《意见》中不乏一些新的亮点。

（一）《关于进一步加强直销监督管理工作的意见》

1. 推进"直销员"与"经销商"双轨监管

《意见》中指出："应充分运用各种监管手段，督促辖区内直销企业经销商不得从事直销活动，不得对产品进行夸大虚假宣传，不得以直销企业名义从事商业宣传、推销等活动，不得组织或参与传销。""对有证据证明经销商的传销行为系按照与直销企业的约定或者由直销企业支持、唆使的，由工商和市场监管部门依据《禁止传销条例》的相关规定，处罚经销商的同时处罚直销企业。"

一直以来，直销员和经销商的违法违规问题都是直销监管的难点所在，从2017年全国工商和市场监管部门查办的直销违法案件来看，直销企业经销商的案件占比40%，而在走访和问卷调查中经销商违法违规案件也排在首位，可见，经销商是当前直销违法案件的查处重点。

因为直销经营的特殊性，其销售主体分为两部分：直销员和经销商。直销员是获得直销公司直销员证，并在商务部直销网站备案的经过直销员培训的合格的个体销售。经销商是有开店资格，有直销企业产品专营权的

经营销售。两者的区别是，已备案的直销员可以在固定的营业场所之外将产品推销给消费者，而经销商是和企业签订了合同的专卖店，有工商营业执照、经审批的可经营的店面。一般来说，经销商不得同时兼任直销企业的直销员，如果兼任，须在工商直销市场监管部门进行备案。

目前，市场上对经销商和直销员的概念区分不清楚，很多人把直销员和经销商混为一谈，认为两者只是叫法不一样。当前的监管中，是将直销员这个群体和经销商这个群体进行相对独立监管的，直销监管的是直销员群体，而经销商的监管归口是企业的传统业务板块。本次《意见》将这一问题明列出来，表明了国家市场监管中要进一步将"经销商"和"直销员"这两大群体之间的关系明晰化：直销员可以从事直销活动，经销商不能从事直销活动。在《意见》中也着重强调了经销商出问题，直销企业也有连带责任，一并处罚，这一举措势必加快企业建立自检自查的主动机制。接下来，直销企业可能要自觉进行内部梳理，针对直销员和经销商来制定不同的管理体制。

2. 加强对直销企业合作方、关联方的监管，严查"挂靠"行为

《意见》指出，"工商和市场监管部门应加强对与直销企业有合作协议关系的合作方、关联方的监管。"当下，直销行业不乏"挂靠"现象，其根源在于直销是特许经营行业，直销牌照是一种稀缺资源，想做直销的企业或团队与部分拿牌企业通过"挂靠""牌照租借"进行利益置换，对市场秩序产生了消极影响。此次《意见》出台，正是为了整顿行业秩序，规范直销主体的经营活动。国家市场监督管理总局此次加强对直销企业合作方、关联方的监管，会对目前行业的一些"挂靠"现象有一定的肃清作用。

3. 分级分类监管机制，提高监管效率

直销企业的分级分类监管，是原国家工商总局2016年度的重点研究项目，是课题组通过问卷调查、走访调研、座谈交流等多种方式调研的结果。

《意见》指出"整合监管资源，按管辖范围分级开展直销监管工作；构建与分级监管相适应的管理运行机制；建立健全分级监管的信息交换渠道，完善上下联动协调机制等。""根据各地实际，采取不同的分类监管模式。"

直销有别于一般的传统经营模式，在监管资源有限的情况下如果采用同一种监管，面对直销区域差异化和直销企业内部管理差异化等现实问题，不容易让监管得以很好实施。而通过分区分级，可以达到监管重点的目的，在对直销企业进行分类的基础上，对于运作规范、声誉良好的直销企业，少分配一些监管资源，而对存在运营风险和治理缺陷的直销企业，则多加关注，通过实施更为严厉的措施督促指导这些企业规范运作。而把企业信用状况结合到监管工作中，一方面可以针对重点问题企业做到重点监管，另一方面可以有效督促企业的自律自检行为。

4. 强化舆情事件的事前事中介入，严控群体性事件

《意见》再次强调，要进一步强化直销行业的风险预警与风险化解机制，特别是新批准的直销企业以及举报、投诉案件等问题较多的直销企业。对于直销企业而言，若没有加强企业的风险评估与化解机制，极易出现社情不稳定的情况。没有及时化解的企业风险事件，容易升级为舆情事件。比如2017年闹得沸沸扬扬的"善心汇"事件，"善心汇"成员集体去北京上访，已经由普通的非法传销事件上升为群体性事件、刑事案件。

网络传销、非法集资、消费纠纷等引发的群体性事件，从发生到闹大有一个过程，最好的办法就是在事情恶化之前请工商部门介入，在发现群体性事件隐患或苗头时，及时处理，而不是等到事情闹大后被动接受处置。

国家市场监督管理总局设立以来，连续出台了《关于进一步加强打击传销工作的意见》和《关于进一步加强直销监督管理工作的意见》，以营造

一个良好的直销营商环境。可见，在未来，"打击传销，规范直销"仍是国家市场监督管理总局对直销行业的重点监管方向。

（二）《市场监督总局办公厅关于开展查处以直销名义和股权激励、资金盘、投资分红等形式实施传销违法行为专项行动的通知》

2018年4月24日，国家市场监管总局办公厅发布了《市场监管总局办公厅关于开展查处以直销名义和股权激励、资金盘、投资分红等形式实施传销违法行为专项行动的通知》（以下简称《通知》），《通知》要求，从2018年5月开始，各级工商和市场监管部门要重点查处直销企业与本企业以外的公司、销售团队、经销商等主体以合作、包销为形式的事实"挂靠"行为，以资本运作、投资返利分红、股票或期权为载体的资金盘，以直销企业名义或直销牌照为幌子许以高额回报的行为或者存在《禁止传销条例》第七条和第二十六条的违法行为。《通知》安排，5~6月为动员部署和线索收集排查阶段，7月为立案集中上报阶段，8~10月是依法调查处理阶段，11月为督促企业整改阶段，12月为总结通报阶段。直销监管要坚持"问题导向"原则，通过查办具体案件，震慑违法行为，引导直销企业敬畏法律法规，守法合规经营。

《通知》一出，便引起了业内的高度关注。该文件是继《国家市场监督管理总局关于进一步加强打击传销工作的意见》《国家市场监督管理总局关于进一步加强直销监督管理工作的意见》后，国家市场监督管理总局新成立之后发布的第三份有关直销行业的文件，从中可以看出市监总局今后对直销市场的监管方向。《通知》可以说是针对直销行业的"第三把火"。相较于前两份文件的"意见"，该文件直接以"通知"形式下达，是前两份文件的落地执行方案，就实施的对象、重点打击检查的内容和阶段安排作出了部署，充分体现了国家市场监管总局强化监管的核心职能。

1. 优化直销营商环境，肃清危害直销的三大"毒瘤"

近年来，以"消费返利""虚拟货币""区块链""扶贫""慈善"等为幌子的传销违法和非法集资案件频发，破坏了正常的金融市场和直销市场秩序。

在2018年的"两会"上，李克强总理所作的政府工作报告明确要求，严厉打击非法集资、金融诈骗等违法活动。4月23日，在处置非法集资部级联席会议上，相关负责人就已表示，《处置非法集资条例》已列入国务院2018年立法工作计划，联席会议办公室将积极配合相关部门推动其尽快出台。

因此，《通知》明确对以直销名义和股权激励、资金盘、投资分红等形式实施传销违法行为进行打击查处。从总体和长远来说，这有利于肃清当前危害直销市场健康发展的三大毒瘤：非法传销、资金盘和非法集资，将那些游走在直销市场边缘的不和谐因素清除出去，让合法的直销拥有一个更加合理、公平的发展机会，这是优化直销市场营商环境的有利举措。也是当下的迫切任务，有利于培植直销发展的沃土，符合当下直销发展的根本诉求。

2. 重点排查直销企业三种越界"挂靠"

《通知》在前两份文件的基础上，着重强调对非法集资以及传销违法行为进行打击，将为直销行业良性发展扫清障碍，避免企业选择走灰色的模糊地带，驱使更多企业团体通过合法合规的方式去从事直销活动，而非选择挂靠直企或以资金盘等形式从事传销违法活动。关于这一点，前两份文件就已提出了"加强对直销企业合作方、关联方的监管"，《通知》又明确了具体的举措，重点指明了各地工商和市场监管部门检查内容——"直销企业与本企业以外的公司、销售团队、经销商等主体签订只能销售该企业产品的合同，或者通过合作、包销等形式形成了事实上的'挂靠'关系。"毋庸置疑，直销企业的"挂靠"现象将会是市场部门监管的重点。

3. 引导直销企业自查自律

平心而论，直销行业中股权激励、资金盘、投资分红现象虽然不是直销的主旋律，但仍然时有发生。究其原因，除了客观环境的因素，跟部分直销企业过于看重短期利益、心态浮躁有很大的关系。一些企业为了快速做大业绩，盲目整合传销团队，纵容其搞资金盘，搞拨比率达100%甚至120%的奖金制度，甚至是搞投资返利、静态收益或者牌照租借，这些都是接下来专项行动重点查处的对象。我们认为，此类专项行动应该长期贯彻，要借助有力的监管，引导直销企业踏实做产品、做服务，靠深耕市场获得消费者的认可。本次专项行动也有利于引导直销企业自查自律，不偏离直销以产品为导向的基本价值取向，严格按规、合规经营。

近期三份文件的连续出台，一方面说明国家监管层面对直销行业监管经验不断丰富，另一方面说明直销行业已经从过去的求量发展到求质阶段。这也有可能是为下一步放开牌照发放速度做市场环境的准备，未来直销将逐步从过去的"跑马圈地"进入充分竞争的市场环境。

第二节　开展专项活动，促进规范发展

近8年来，有关部门一直在行动。

一、2010年，国家工商行政管理总局召开打击传销规范直销工作情况通报会

2010年8月4日，国家工商行政管理总局在京召开打击传销规范直销工作情况通报会，中央宣传部、中央综治办、公安部、教育部、工业和信息化部、商务部、国家信访局等七部委局有关司局负责同志参加了会议。国

家工商行政管理总局副局长钟攸平说，2010年是我国经济社会发展最为复杂的一年，也是我国政府应对国际金融危机冲击、实现经济平稳较快发展的关键年，保持经济和社会平稳发展、维护社会稳定的任务十分艰巨。党中央、国务院高度重视打击传销、维护稳定工作。

钟攸平介绍，2009年下半年以来，全国各级工商机关与公安等部门密切配合、协同作战、重拳出击，严厉打击传销违法犯罪活动，为维护市场经济秩序和社会平安稳定做出了积极贡献。2010年上半年，共查处传销案件855件，取缔传销窝点7274个，清查遣散传销人员14万人次，移送司法机关案件194件、当事人1294人。

国家工商行政管理总局和公安部联合组织开展了打击传销百日执法行动和华东六省一市"迎世博，禁传销"专项执法行动，联合举办了全国工商、公安机关执法培训班，指导协调有关省市工商、公安机关查处了一批传销大要案，打掉了一批传销组织网络；推动打击传销社会治安综合治理、创建无传销社区和区域协作等长效机制建设，开展了打击传销宣传月活动，发布警示提示、公益短信，发放宣传材料等；加快打击传销规范直销信息系统建设，完善传销案件人员信息查询汇总、直销企业信息报备、工商内部执法情况互通和申诉举报查询处理等应用功能；加强对直销企业、直销员及其活动的监督管理，配合商务部做好直销审批工作。

钟攸平强调，工商机关2010年下半年要与公安机关密切配合，在其他相关部门的支持下，继续保持打击传销高压态势，认真贯彻落实打击传销违法犯罪活动工作意见，重点抓好以下几项工作：

进一步采取更加有力措施，加大打击传销工作力度。各级工商、公安机关将以传销活动屡次发生及传销人员长期聚集地区为重点，加大督促和指导力度，组织全面排查；重点打击借资本运作、北部湾开发、西部大开

发名义及利用互联网从事的传销活动。同时，做好对参与传销人员的疏导、教育等善后处置工作，共同做好维护稳定工作。

进一步推进打击传销综合治理，建立和完善长效监管机制。国家工商行政管理总局将组织对2010年确定的重点省区的打击传销综合治理工作进行检查、调研，进一步推动地方党委、政府对打击传销工作的组织领导，建立适应打击传销工作需要，党委、政府统一领导，多部门联动的打击传销机制；继续加强与综治、公安、教育部门协作，深入开展创建无传销社区（村）和防止传销进校园活动；配合公安部门，加强对出租房屋和流动人口的管理，不断挤压传销生存空间。

进一步促进部门协作和区域合作执法机制建设。各级工商机关要继续加强与公安等部门的协作配合，推动完善工商系统内地区间的执法协作。国家工商行政管理总局将对北方七省区市、西北五省一市、南方九省区和苏鲁皖豫四省十二市的执法协作机制进行工作指导，推进全国更多地区建立执法协作机制，逐步形成并联全国的执法网络。

进一步加大宣传教育工作力度，不断提高宣传教育的有效性。国家工商行政管理总局将继续与相关部门加强协作，发挥各自优势，共同做好宣传教育工作。各级工商机关要采取发布公益广告、编发宣传材料、张贴宣传画、组织专题报道、举办知识竞赛、举办专题讲座等形式，开展广泛深入的宣传教育活动，进一步扩大宣传教育的覆盖面，增强宣传教育的有效性，提高群众识别、抵制传销活动的能力。

二、2011年，国家工商行政管理总局直销监管局印发《2011年打击传销规范直销宣传工作指导意见》

2011年3月9日，国家工商行政管理总局直销监督管理局印发了《2011

年打击传销规范直销宣传工作指导意见》。

（一）各级联动，进一步发挥总局和地方各级工商机关开展宣传工作的主动性和创造性

总局直销监管局和各级工商机关要从不同层面开展工作，因时制宜，因地制宜，进一步推动打击传销规范直销宣传活动广泛深入开展。今年，直销监管局将继续开展印制宣传材料、发送公益短信等活动。同时拟开展打击传销规范直销网络知识竞赛，筹划与公安部联合制作打击传销专题片，并组织在中央电视台等国家级媒体播放。各地要发挥主动性和创造性，创新宣传载体、丰富宣传内容，积极开展形式多样的宣传活动，并按照总局统一部署，主动与所在地宣传部门及电视台、电信运营商等单位联系，争取支持配合，保证电视公益广告片、电视专题片、手机短信的覆盖范围和播发次数。

（二）把握重点，进一步加强对传销重点整治地区、重点人群等方面的宣传教育

各地要针对重点整治区域、重点防范群体、重点打击的传销行为，进一步加大宣传工作力度。对打击传销重点整治区域的宣传，所在省级工商机关要加强指导、督促和检查，要侧重营造全社会共同抵制传销的舆论氛围，多措并举，加大宣传攻势，压缩传销立足生存空间、遏制传销发展蔓延的势头；对少数民族群众、在校学生等重点人群，要根据具体情况和活动特点，有针对性地开展不同形式的宣传活动，切实提高宣传效果；对以"资本运作"等名义及利用互联网从事传销的传销行为，要侧重从理论上深刻剖析、驳斥传销的歪理邪说。

（三）提高主动性，进一步拓展宣传教育的广度和深度

要提高宣传教育工作的主动性，大力加强舆情监测，一旦发现网络中

出现传销"新理论"、新花样，及时组织进行有力驳斥，揭穿其骗人实质，把握传销新动向、新特点，不定期发布警示提示，防止群众上当受骗。对查处的传销大要案件，要正面宣传和充分展示打击成果，选取打击传销典型案例进行深入剖析，深刻揭露传销所谓"致富理论"的实质和骗人伎俩，提高群众对传销的识别、防范能力。要加强对受骗参与传销人员思想教育工作，通过"以案说法""现身说法"等形式，让广大人民群众自觉远离传销、抵制传销。

（四）结合创建无传销社区（村）工作，加强制度建设，进一步完善宣传教育长效机制

各地要深入开展打击传销进社区、进乡村、进校园宣传工作，发挥街道、社区、村委会等基层组织的作用，坚持打防并举，把宣传教育与打击传销工作同部署、同推进。在创建无传销社区（村）活动中，把宣传教育作为评价社区（村）打击传销工作情况的一个重要指标。深入开展"防止传销进校园"活动，针对学生群体特点，与教育主管部门及学校一起，积极开展形式多样、生动活泼的宣传教育活动，提高学生抵制传销的自觉性。加强同公安、宣传、综治、教育等部门的协调配合，形成在党委、政府领导下，全社会齐抓共管、各负其责的打击传销的工作、宣传格局。

（五）强化自律意识和社会责任，进一步加强对直销企业的宣传教育

各地要通过检查、督查、召开座谈会、约见、走访、指导签订《自律公约》等多种形式，加强对直销企业的行政指导，进一步宣传有关法律法规和政策规定，申明监管部门依法保护合法经营、查处违法行为的基本原则和立场，要求直销企业牢固树立依法经营理念，不断强化自律意识和社会责任意识，立足长远健康发展，进一步健全制度，加强管理，守法经营。

三、2012年，国家工商行政管理总局公安部公布2012年查办的十起传销大案

2012年6月25日，国家工商行政管理总局、公安部在京召开新闻发布会，公布了2012年公安、工商部门查办的十起重大传销案件，同时提醒广大群众，对各类传销活动提高警惕，严防上当受骗。

这十起案件是：

"斐梵国际"传销案；

广西"10·16"特大传销案；

湖南"1·12"特大传销案；

贵州"5·7"特大传销案；

"中国明明商"传销案；

"北京中绿公司"传销案；

江西精彩生活公司传销案；

浙江亿家电子商务有限公司涉嫌传销犯罪案；

军圣营销管理有限公司组织、领导传销活动犯罪案；

四川幸福缘农业开发有限公司涉嫌组织、领导传销活动犯罪案。

四、2013年，国家工商行政管理总局发布《直销企业履行社会责任指引》

2013年11月，国家工商行政管理总局发布《直销企业履行社会责任指引》（以下简称《指引》）。

《指引》共六章四十八条，对直销企业如何履行社会责任，给予了详细规范引导。《指引》指出，直销企业的社会责任包括但不限于以下内容：遵守法律、法规、规章和规范性文件，积极维护消费者、直销员、员工的合

法权益和社会公共利益；营造公平、安全、稳定的行业竞争秩序，以优质的专业经营，持续为股东、员工、直销员和社会公众创造经济价值；提倡公益慈善，积极投身社会公益活动，支持国家产业政策和环保政策，节约资源，保护和改善自然生态环境，支持社会可持续发展。

《指引》倡导直销企业树立正确的经营理念，建设具有社会责任感的企业文化，促进经济社会的可持续发展。《指引》同时要求各级工商机关加强对直销企业履行社会责任的行政指导，及时检查直销企业履行社会责任情况，促进直销企业规范、有序、健康发展。

五、2014年，国家工商行政管理总局确定打击传销规范直销工作要点

2014年1月28日，国家工商行政管理总局直销监督管理局下发《2014年打击传销规范直销工作要点》（以下简称《要点》），要求各级工商机关把打击传销规范直销工作置于社会管理综合治理体系中考量，坚持系统治理、依法治理、综合治理、源头治理，积极创新打击传销规范直销工作举措，全力维护市场秩序和社会稳定。

《要点》要求，各级工商机关要以开展重点地区整治工作为突破口，加大案件查处力度，始终保持对传销的高压严打态势。一是加强组织领导，建立和完善打击传销领导工作机制，继续推动建立和完善地方党委、政府负责，政法委（综治办）牵头整治重点地区及组织查处重大案件，公安、工商机关为主力，相关部门协作配合，全社会共同参与的打击传销工作机制。二是加强重点地区整治，持续开展具有一定规模、见实效的打击传销行动，各省级工商机关要加强对重点地区的督导检查，总局直销监管局将与公安部经侦局就此开展调研和检查工作。三是深入查办传销大要案件，继续查处社会影响较大、群众反映强烈的大要案件；认真领会《关

于办理组织领导传销活动刑事案件适用法律若干问题的意见》精神，配合司法机关依法严惩传销组织者、领导者和骨干分子；在查办传销案件时，要严格按照法定程序调查取证，强化证据收集固定，准确定性，确保执法质量。四是完善网络传销监测查处机制，加强打击网络传销监测试点和监测平台建设，制定网络传销监管工作制度，对网络传销违法犯罪活动实现科学监测；加强部门协作配合，共享信息资源，有效遏制网络传销蔓延势头。

《要点》要求，各级工商机关要以创建"无传销城市"工作为载体，着力强化源头性、基础性工作，筑牢防范传销的坚实基础。一是在抓好创建"无传销社区（村）"的基础上，全面推进创建"无传销城市"工作，将创建"无传销社区（村）"和创建"无传销城市"工作作为综治考评的一项内容，推动地方党委、政府将创建"无传销城市"工作纳入争创文明城市的重要内容。二是充分利用各种新闻媒体和宣传资源开展形式多样的宣传活动，增强群众辨别和防范传销的能力；加强正面宣传，把握宣传工作的正确导向，提升舆情应对和危机处理能力。三是切实加强基础性工作，积极构建打击传销区域执法协作机制、防范打击涉藏涉疆传销活动协作机制等长效机制；会同公安机关研究传销人员流出地政府和基层组织属地管理责任措施，做好对传销遣散人员的教育管控；配合有关部门加大对大学生的教育引导力度，深入开展"防止传销进校园"活动，加强对学生参与传销案件的查处。

《要点》要求，各级工商机关要以检查直销企业落实《直销企业履行社会责任指引》情况为抓手，创新直销监管方式方法，维护规范、健康、有序的直销市场秩序。一是加大对直销经营活动的监管力度，加强对直销企业招募培训、产品推介、会议宣传等重点环节的监管，严厉查处直销企业

违法违规行为，加强对新批准直销企业、拟扩区直销企业以及直销案件、举报投诉较多的直销企业的监管，灵活运用建议提示、提醒告诫、行政约谈等手段，加强对直销企业的行政指导。工商行政管理总局将研究制定《关于规范直销培训的规定》，进一步规范直销企业培训行为。

二是积极推进直销企业社会责任建设，加强对直销企业履行社会责任建设情况的督促检查，及时掌握直销企业贯彻落实《直销企业履行社会责任指引》情况，引导直销企业严格守法经营。工商行政管理总局将适时召开全国直销企业工作座谈会，推动直销企业社会责任建设规范化、制度化。

三是严格规范工商部门行政执法行为，依法查处直销企业违法违规行为，加强对直销企业违法违规行为新动向的分析研究，进一步完善直销监管制度；坚持执法处罚与疏导教育相结合、案件查处与行政指导相结合，创新直销监管方式。

四是严把直销企业市场准入关，工商行政管理总局将完善与商务部、公安部的协作机制，加大直销许可协助审批力度，切实把好直销市场准入关；直销企业注册地工商机关要定期对企业报备信息进行数据分析，及时掌握直销企业基本信息、经营状况以及履行社会责任情况；各级工商机关要按规定及时、准确、完整地反馈核查信息，切实做好直销许可协助审批、扩区核查工作。

六、2015年，打击传销直销监管案例研讨会召开

2015年6月，打击传销直销监管案例研讨会在广东省深圳市召开，北京、天津、黑龙江、上海、江苏、浙江、湖南、广东、山西、四川、贵州11个省（市）工商行政管理局有关负责人与会。国家工商行政管理总局直销监督管理局局长张国华在会上强调，打击传销、规范直销工作是工商机关的重要职责，各级工商机关要以高度的政治责任感、紧迫感，切实提升监管执法水平，推进打击传销、规范直销工作深入开展。

据介绍，此次研讨会对近年来工商机关查处的23起传销和直销违法典型案例进行剖析和研讨，分析了当前传销活动的新特征、新动向，提出打击传销的策略、方法；研究新形势下直销监管工作的重点、难点问题，提出加强直销监管工作的意见。

张国华指出，以会议的形式开展工作交流，分享查办案例的心得体会，共同研究打击传销、规范直销工作中的重点、难点问题，可以有效提高各级工商机关打击传销、规范直销工作水平，缩小地区之间执法水平的差距。与会各省（市）工商机关要充分利用研讨会的成果，进一步完善制度机制，创新方式方法，切实提升监管执法水平。

针对传销活动出现的新特征、新动向，张国华要求各级工商机关积极推动将打击传销工作纳入地方社会管理创新体系、地方政绩考核体系、地方党委及政府主要工作日程；协调政法委与公安机关等各方力量，加大对传销活动的刑事打击力度；与公安、电信等部门密切配合，严厉打击利用互联网传销犯罪活动，依法关闭、查封、查处一批涉嫌传销的网站，切断传销信息传播的网络渠道；加强宣传，有针对性地加大网络宣传力度，继续深入开展防止传销进社区、进校园活动；认真总结、巩固已有的做法，学习借鉴各地的优秀经验；继续推行区域联动机制，发挥联合打击作用；加强队伍建设，提高队伍素质水平，提升信息化监管效能。

针对直销企业存在违规招募、违规培训、违规计酬等问题，张国华要求各级工商机关坚持依法行政，从严规范直销经营活动；对直销监管工作的重点进行研究，加强源头监管，堵住监管漏洞，督促直销企业加强自

律；密切关注直销企业高管层变动、股份变动以及并购、重组等重大变更，督促直销企业及时进行信息报备。

七、2016年，调研打击传销和规范直销等竞争执法工作

2016年3月21~25日，国家工商行政管理总局党组成员、副局长王江平赴江苏省、上海市开展打击传销和规范直销等竞争执法工作调研，同时出席了直销企业经销商规范管理课题研究座谈会。

王江平对江苏、上海两地打击传销和规范直销工作给予了充分肯定，要求深刻认识加强竞争执法工作的现实意义，认清形势，克服困难，创新方式方法，创造性地开展各项工作。他要求各地深入研究打击传销和规范直销面临的新问题，认清传销的严重社会危害性，加强协作，积极作为，创新机制和办法，推动打击传销工作从部门行为上升到政府行为；切实履行职责，主动防范风险；强化部门配合，加大打击传销力度，规范直销经营行为，为促进经济发展和维护社会稳定做出贡献。

王江平在与直销企业座谈时指出，经过10年的发展，直销企业在繁荣消费市场、满足消费者多样化个性化的需求、扩大就业、增加税收、推动公益事业、促进经济发展等方面发挥了积极作用，但直销企业在合法合规经营、诚实守信以及消费者权益保护等方面仍存在一些问题，有针对性地解决这些问题才能可持续发展。直销企业要正确认识直销、规范直销、发展直销；要注重品牌文化建设，诚信经营，稳中求进，履行社会责任，促进经济发展。作为市场监管部门，工商机关一定会依法履职，不断创新直销监管理念，推行市场评估、分类监管，营造良好营商环境；采取有力措施，坚决避免劣币驱逐良币，严厉查处违法违规行为，维护公平竞争的直销市场秩序。

在出席直销企业经销商规范管理课题研究座谈会时，王江平强调，组织开展直销行业经销商规范管理研究，多方听取意见建议，非常必要。要充分认识直销行业对社会的贡献以及监管工作取得的成绩，准确研判当前直销行业市场秩序情况。要高度重视对直销行业经销商合规性和危害性的研究，积极探索新形势下直销行业监管问题，加强监管手段创新，推行直销行业信用监管、分类监管。强化底线思维，倡导公平竞争，坚持规范管理与促进发展并重理念。强化企业自律，鼓励直销行业建立行业协会或者联盟自律机制，为直销行业健康发展创造条件。

八、2017年，创建无传销城市

2017年8月17~18日，全国工商和市场监管部门创建无传销城市经验交流会暨加强打击传销工作会议在贵州省六盘水市召开。国家工商行政管理总局副局长王江平出席会议并讲话，竞争执法局有关负责人通报了近年来各地无传销创建及开展打击传销规范直销工作情况。

会前，国家工商行政管理总局局长张茅对本次会议以及工商和市场监管部门加强打击传销工作提出要求。张茅指出，当前网络传销猖獗，严重损害了人民群众生命财产安全，各级工商和市场监管部门要加大宣传教育力度避免群众上当受骗，加强早期监控及时铲除传销行为，探索建立传销举报查实奖励制度，准确研判定性各种新模式新行为实现精准打击，真正维护人民群众利益和市场经济秩序。王江平对当前打击传销工作面临的形势和任务作了深入分析，对今后一段时期的打击传销规范直销工作，特别是打击网络传销工作提出了明确要求。

目前，全国已有28个省、自治区、直辖市建立了由政府或政法部门直接领导的打击传销领导机制，形成了地方党委政府领导下，工商、公安密

切配合，各职能部门齐抓共管各负其责的工作格局。持续开展打击传销专项执法行动，强化对传销组织者及骨干头目的打击震慑力度，坚持以打击促创建。严格落实属地监管责任制，将打击、防范的网络延伸至社会各个层面。"无传销社区（村）"创建、"防止传销进校园"等活动扎实推进。通过联合发布新型网络传销行为预警提示等多种方式，增强全社会识别、抵制传销的意识和能力。充分利用综治考评和文明城市测评两个抓手，建立健全无传销城市创建工作长效机制。

据不完全统计，2014~2016年，全国工商和市场监管部门共查处各类传销案件6125件，涉案金额40.89亿元，罚没金额5.01亿元，移送司法机关226件、1520人。截至2017年6月，全国已有28个省、自治区、直辖市开展了"无传销城市"认定工作。

深入推进无传销创建工作，努力构建无传销网络。

对打击传统传销行之有效的措施和经验，要继续保持和借鉴。要继续深化开展创建"无传销社区（村）"活动，在此基础上逐步实现创建"无传销城市"的目标。要加强对构建无传销网络的研究，对互联网平台按功能进行甄别分类，不断压实平台企业责任，强化其对信息内容的自我审查职责，引导其开展行业自律，自觉履行社会责任，净化网络空间环境，努力构建无传销网络。

各级工商和市场监管部门要会同通信管理、网络信息管理部门，对辖区内互联网平台企业如何规范运行，研究建立预警评价机制，出现问题的要及时约谈整改，经提醒拒不整改或整改不力的，要依法严肃处理。8月下旬开始，总局竞争执法局对各地打击线上线下传销活动情况进行督查。

加强对直销企业经销商问题的研究，严厉查处经销商违法行为。目前，总局正积极与商务部沟通，就直销企业经销商的监管等亟待解决的问题，出台相关的规范性文件。在相关规定出台之前，各地工商和市场监管部门要督促直销企业严格自律，加强对其经销商经营行为的管控；同时严厉查处经销商违反两个条例及其他法律法规的行为。

九、2018年，落实打击传销规范直销工作会议部署

（一）全国市场监管部打击传销规范直销培训班举办

5月19日，全国市场监管部分冲击传销规范直销培训班在总局行政学院举办。会议上指出，全国各级工商和市场监管机关要认真贯彻全国工商和市场监管工作会议精神，转变监打点念，创新监管方式，加大执法力度，积极研判直销市场呈现的新特点和新情况，领会吃透总局最近出台的直销监管工作相关指导意见，认真执行总局最近发布的相关专项执法行动的通知，切实做好新形势下直销监管工作。

（二）国家互金专委会发布风险陈诉：累计发现假虚拟币421种

近日，国家互联网金融安详技术专家委员会发布《高风险平台系列陈诉（二）警惕假虚拟货币平台诈骗陷阱》。文中提到，截至2018年4月，技术平台累计发现假虚拟货币421种，其中60%以上的假虚拟货币网站处事器陈设在境外，此类平台难发现、难追踪，普遍具有金字塔式成长会员，涉嫌资金盘，人为拆分代币，受机构或个人控盘，无法自由交易等特点。

（三）市场监管总局等8部门联合发文：《严厉打击整治电子商务领域违法失信行为》

5月14日，由国家发展改革委、公安部、市场监督打点总局等8个部门，共同联合发布了《关于加强对电子商务领域失信问题专项治理工作的

通知》（以下简称《通知》）。《通知》要求，广泛开展电子商务领域失信联合惩戒。各处所可以按照工作需要和处所实际，制定处所电子商务失信主体认定尺度，并将认定后的电子商务领域"黑名单"纳入联合惩戒。相关部分已有失信企业认定尺度的，按其规定执行。

（四）公安部经侦局发布虚拟币等7类传销陷阱

近日，公安部经侦局发布7类传销陷阱，提示公众提高警惕。其中"最时髦"的虚拟货币类传销、"最隐蔽"的消费返利类传销、"感染最快"的微信手游类传销、"最狡猾"的金融互助类传销都涉及互联网。别的3种较为传统的类型——传统的产物道具类传销、最泛滥的成本运作类传销、"最无耻"的慈善互助类传销，也不容忽视。

（五）直销企业保护消费者权益"3·15"座谈会在北京召开

2018年3月9日，2018直销企业保护消费者权益"3·15"座谈会在北京召开。本次座谈会由中国消费者报社、中国消费网主办。座谈会主题为"树立消费者至上理念　拒绝夸大虚假宣传"。68家直销企业100余位代表，出席了本次座谈会。

国家工商总局反垄断与反不正当竞争执法局副局长白京华、消费者权益保护局副局长刘敏、中国消费者协会副会长兼秘书长朱剑桥等相关同志应邀出席本次座谈会，并分别就直销企业如何树立消费者至上理念、把消费者权益保护放在更加突出的位置，如何加强依法合规经营、诚信规范经营、拒绝夸大虚假宣传等，与企业参会代表进行了座谈交流；就如何做好相关工作，分别提出了指导意见和要求。

中国消费者报社社长胡国强介绍了报社在打传规直宣传报道方面的安排，表示要积极为直销市场发展营造良好舆论环境，为直销行业再上新台阶鼓劲加油。座谈会由中国消费者报社副总编辑杜长红主持。

座谈会上，无限极（中国）有限公司代表在大会上作了主题发言。无限极（中国）有限公司是李锦记健康产品集团成员，成立于1992年，是一家从事中草药健康产品研发、生产、销售及服务的大型港资企业。无限极2017年推出了"6·16无限极规范经营宣传日"系列活动，在行业内发挥了良好的引领示范作用。

座谈会得到了直销企业保护消费者权益联盟的大力支持。在会上，新时代健康产业（集团）有限公司副总经理程彤伟先生作为2017年联盟轮值理事长单位代表，就联盟2017年工作开展情况，做了回顾和总结；安利（中国）日用品有限公司公共事务总经理翟明嘉女士作为2018年联盟轮值理事长单位代表，就联盟2018年工作计划，做了介绍和动员。

座谈会上，如新（中国）日用保健品有限公司大中华区高级副总裁李潮东、完美（中国）有限公司北京办事处总经理董兵、克缇（中国）日用品有限公司董事副总裁王玉霞、宝健（中国）有限公司董事总经理冯雷明、康宝莱（中国）保健品有限公司董事长郑群怡、山东好当家海洋发展股份有限公司副总裁李俊峰分别围绕座谈会主题，结合本企业的做法，作了大会交流发言，倡议全体直销企业行动起来，牢固树立消费者至上理念，拒绝夸大虚假宣传，共同为树立直销行业的良好声誉而努力。

据悉，直销企业保护消费者权益"3·15"座谈会自2012年开始举办，每年召开一次，迄今已连续举办七次。在促进直销企业加强自律、推动直销行业保护消费者权益整体水平的提高方面，发挥了积极的建设性的作用。

第三节　创新执法手段：实施"云上稽查"

随着互联网信息技术的高速发展和国家"互联网+"战略的深入推进，

以互联网、信息化、大数据、云计算为代表的新型理念和技术正日益深刻地影响着包括政治、经济、文化、生活在内的各个领域。作为经济社会发展保驾护航的重要力量，市场监管部门也在积极地适应这种转变，以融合创新和变革发展的思路不断改革和完善稽查执法工作。

针对当前传销网络化趋势日益明显，线上线下相互结合，传播速度更快，覆盖范围更广，跨领域、跨区域案件不断增多的趋势，广东省深圳市市场监管局积极响应国家工商行政管理总局部署，调动最丰富的资源、最前沿的技术、最先进的手段，助力网络传销监测和治理工作。

2017年10月13日，国家工商行政管理总局执法局领导率队来深圳市考察调研，分别听取了深圳市市场监管局"云上稽查"系统及腾讯公司"传销态势感知"系统的汇报，认为上述平台系统可以充分融合政企各自的能力优势，决定由深圳市市场监管局牵头，协同腾讯公司，以"云上稽查"平台与腾讯公司"传销态势感知"系统的对接为基础，筹建国家工商行政管理总局网络传销监测治理基地。

2017年11月17日，国家工商行政管理总局与腾讯公司共同签署网络传销监测治理合作备忘录，国家工商行政管理总局网络传销监测治理基地正式落户深圳。监测基地将"传销态势感知"系统和"云上稽查"系统对接，实现强强联合，依托腾讯大数据、核心技术和海量用户优势及深圳市市场监管局丰富的网络数据分析处理经验和前沿的网络固证技术，实现对传销平台的感知发现、预警分析、线索追踪和证据固定，逐步形成"主动发现传销平台—传销平台预警播报—传销平台线索追踪—案件线索移交—案件查办"的业务链条，通过可视化技术清晰呈现出事件关联、预警、追踪等业务逻辑，在追踪传销人员流动趋势、舆情指数分析以及人员所在地分布等线索挖掘上，为网络传销治理提供强大助力。

截至目前，监测基地共监测发现涉嫌传销组织主体3114个，参与人数（设备）3000余万人（台）。经对涉传组织的规模、参与人数和资金量进行综合排序，并经数据分析整理和关联相关信息，监测基地得出涉嫌传销高风险组织主体监测报告12份，已上报国家工商行政管理总局。

一、"云上稽查"实现执法手段重大创新

互联网的虚拟性、隐蔽性和非接触性，使互联网违法行为体现出证据记录稍纵即逝、不易被发现、不易被追查的特性，这不仅给群众的生活带来潜在危害，亦给执法人员的案件调查和证据提取带来极大不利。

2016年3月起，深圳市市场监管局与深圳市福田区科创局共同构思，依托深圳市互联网可信交易平台核心技术电子数据固化见证为基础的互联网行政执法取证平台工具正式启动设计开发。历时半年的调查研究、技术对接、需求调整，最终实现行政执法系统与电子证据固化见证技术的顺利对接，即"云上稽查"系统。

"云上稽查"系统启用后，提升完善了当前互联网执法取证的各种不足，并且不增加现有执法办案的环节流程。自主自动叠加的电子数据证据固化效果，带来以下优势改变：

1. 保证执法取证的客观完整性

"云上稽查"系统对各类数据信息源有着强大的适用性，一方面，行政执法取证的各种证据记录均安全备份于"云上稽查"，保证了全流程数据不被篡改、不会丢失；另一方面，对于传统执法取证缺少取证过程的客观记录情况，可实现全过程记录，保证执法取证的客观完整性。

2. 提高执法取证的便捷高效性

"云上稽查"对于数据使用终端设置具备强大的兼容性，一方面，实现

现场证据瞬时截取上传固化，不易流失或被销毁，提高了执法现场各种取证的便捷高效性；另一方面，可以监控规范执法现场或记录可能发生的突发情况，起到客观规范现场执法流程的辅助督促作用。

3. 实现执法取证的效力全面性

行政执法全过程及现场执法取得的所有证据记录，只要通过"云上稽查"，存储于其中的安全固证云，相关证据记录均可根据具体案情需要直接生成具备仲裁、公正或司法效力的证据证明材料，实现了互联网取证的效力全面性。

据统计，"云上稽查"系统运行以来，在互联网违法线索信息搜集处理、网络执法固证、网络案件精准打击等方面发挥巨大作用。深圳市累计成功查办各类网络类案件34件，案值逾1.3亿元。

二、政企合作实现执法资源高效利用

在通过积极变革挖掘内部执法潜能的同时，深圳市市场监管局顺应大数据、云计算发展和应用趋势，主动寻找和发现外部助力，通过政企合作，努力突破行政执法部门在设备、技术、人员、数据等方面的限制，提升自身执法技巧和执法资源的利用效率，实现对违法犯罪行为的精准打击。

自与腾讯公司合作以来，深圳市市场监管局共监测违法品类（违法行为）50余种，设定搜索关键字段组合600余条，搜索采集线索信息5.2万条，日均拦截违法信息网页100余万个。该局先后受上级部门委托，在违法广告治理等专项工作中搜索相关违法线索信息2.6万条，通过数轮分析、筛查及整理，累计提供有价值违法案件线索200余条，为专项工作的有效推进发挥了积极作用。

在2017年开展的互联网传销专项整治行动中，深圳市市场监管局对疑似传销组织进行网络监测，共搜集到各类相关网站网页链接467个，并根据监测情况，对网页访问热度、网站类型、区域访问量、服务器分布、资金流等进行分析评估，为后续整治行动提供了有力决策依据。

三、网络监测平台发现异动，重庆工商捣毁传销窝点

一款宣称能治愈飞蚊症、近视眼、老花眼、青光眼、白内障等多种眼疾的眼镜，成为重庆鑫鸿海电子商务有限公司（以下简称鑫鸿海商务公司）的传销工具，4万余人落入陷阱，涉案金额近6000万元。日前，重庆工商一举捣毁该传销窝点，组织者钟某被罚款200万元、卓某被罚款75万元，并没收违法所得。

1. 宣称能治多种眼疾

据了解，这款鑫鸿海牌负离子能量眼镜，被包装宣传得神乎其神："镜框材质为托玛琳，能不断释放丰富的负氧离子和远红外线。使用眼镜后，迎风流泪、眼疲劳、干眼症当天有效，1月左右症状基本消失；对飞蚊症当周有效，3~6个月基本消失；对近视、远视、老花眼3~6个月就会有一定的效果；青光眼最快的当天就有感受，半年到一年会有明显改善；对白内障一周有奇效，半年到一年基本改善，早期的白内障患者，症状基本消失。"

记者发现，网络上仍能看到关于这款眼镜的分享视频，除了对眼镜"神奇"材质和功能的介绍，还有不少"使用者"的现身说法。有人称："我得白内障4年了，戴了鑫鸿海眼镜几个月，白内障好了80%。"还有人称："半年前，我妈得了骨髓瘤，属中晚期。她的眼睛得了黄斑病变，左眼看不到东西。我把眼镜给她戴了，仅一个月的时间，她的眼睛就能看清手机上的字了。"

据执法人员介绍，这些所谓的疗效，鑫鸿海商务公司均不能提供相应证

明材料，以及有关医疗卫生组织及单位的临床医学试验报告，属虚假宣传。

据调查，这款宣称能治愈多种眼疾的眼镜，实际上是鑫鸿海商务公司以55元/副的均价，从上海九美医疗器械有限公司购买的。

2. 网监发现传销动向

2017年5月，重庆市工商行政管理局通过网络传销监测平台，监测到鑫鸿海商务公司在重庆市彭水县、垫江县等地涉嫌从事网络传销活动，安排彭水、垫江两地工商行政管理局成立联合专案组开展调查。

经查，2017年1月19日，钟某、卓某分别以他人名义，注册成立了鑫鸿海商务公司，从事鑫鸿海牌负离子能量眼镜经营活动，大肆宣传该眼镜对各种眼疾的防治功效，以传销模式发展会员44212人，涉及重庆、新疆、四川、贵州、云南等18个省（市、自治区），涉案金额近6000万元。

鑫鸿海商务公司实行会员制，按照其最初的规定，消费者花980元购买一个订单，即1副鑫鸿海牌负离子能量眼镜后，凭身份证、银行卡等个人信息，即可注册成为"鑫鸿海"会员。会员分为普通会员、消费商、主任、高级主任、经理、高级经理、白领经理、蓝领经理、钻石经理、总监、高级总监、白领总监、蓝领总监、钻石总监、董事15个级别。普通会员必须发展3人成为其直接下线，且发展的3名普通会员各组建1个团队，分别简称为团队1、团队2、团队3，方可晋升成为消费商并享受日工资收入40元。

58岁的垫江县坪山镇村民王平（化名）经朋友介绍，于2017年5月加入"鑫鸿海"传销。他当初是花1180元购买了一副鑫鸿海眼镜，并在鑫鸿海商务公司的网络平台注册了会员。注册后，王平参加了3次培训，被告知，只要介绍3人各买一副眼镜，就可每天获得40元的收益；下线人数达到6人，每日可获得120元；下线人数达到20人，每日可获200元。以此类推，层层发展下去，共计14层，直至达到董事级别，每日可获得2.4万元。

培训之后，王平将坪山镇的谭晓琴（化名）、谭强（化名）两人发展成了下线。这两人又不断发展人员。3个月后，王平手下就有了75名下线，他因此"荣升"为高级经理，每日可得收益680元。截至2017年8月22日，王平共获得收益2.3万余元。

3. 眼镜成传销工具

执法人员告诉记者，"鑫鸿海"传销头目钟某、卓某都曾因组织传销活动被公安机关处理过。2009年，钟某曾因参与某社交软件传销被劳教1年，2011年参与重庆唐江巴巴传销案策划。2016年，钟某、卓某二人均参与了四川鑫兴园传销。同年年底，二人开始谋划"鑫鸿海"传销。

2017年1月19日，钟某、卓某二人投资成立了鑫鸿海商务公司。卓某任董事长，负责公司的重大决策，提供经营场所、办公用品和启动资金等。钟某任执行董事，负责公司销售模式的制定、网站建设和会员管理系统，以及网站建设和销售软件开发费用，还负责采购眼镜。

销售模式确立后，钟某将自己置于销售团队的最顶层，将卓某之妻与杨某、姚某置于销售团队的第二层，组建3个销售团队，完成了销售团队的顶层搭建。钟、卓二人除享受日工资计酬外，还分别按各自销售团队销售业绩的10%收取提成。

2017年5月22日，根据销售和获利情况，二人决定将鑫鸿海牌眼镜的订单单价由原来的980元修改为1380元（每个订单2副眼镜）。

执法人员调查发现，鑫鸿海商务公司为了发展更多的会员，在其经营场所醒目位置及其网站，展示"中军创融合复转创业基地示范企业"牌匾，宣称其公司是"复转军人就业再就业平台"，由"中军创融合复转创业基地"为公司授牌。而实际上，"中军创融合复转创业基地"属未经登记擅自开展活动的非法组织。

调查结果显示，自2017年2月5日起至案发之日，鑫鸿海商务公司在钟、卓二人的共同组织下，从上海九美医疗器械有限公司购进眼镜11万副，按以上销售模式，在重庆、新疆、四川等地注册发展会员44212人，共销售鑫鸿海眼镜81396副，销售收入58201580元。其中，钟某实际获取提成1954078元，卓某实际获得提成18793元。

彭水县工商行政管理局认定，钟、卓二人的行为属于传销，决定没收钟某违法所得2197827元，并处罚款200万元；没收卓某违法所得18793元，并处罚款75万元。

第四节 责无旁贷：地方监管部门在行动

2018年4月3日，国家市场监督管理总局发布关于进一步加强打击传销工作的意见，确定了一批传销重点整治城市。根据2017年传销举报投诉情况，将廊坊、北海、南宁、南京、武汉、长沙、南昌、贵阳、合肥、西安、桂林11个城市列为2018年传销重点整治城市。

在中国直销规范化的道路上，地方监管部门响应国家号召，以直销法规为指引，努力履行职责，保一方平安。

这里选择的，只是近两年来各地的一些举措。窥一斑而见全豹。

一、山西：召开直销企业座谈会 规范行业健康发展规范

据山西市场导报消息，2017年5月10日，山西省工商行政管理局召开全省直销企业座谈会。座谈会就山西省直销企业如何发展壮大进行了深入讨论。山西省工商行政管理局党组成员、副局长武小勤出席会议并讲话。来自全省的36家直销企业负责人参加座谈会。

武小勤强调，全省直销企业要适应形势，创新发展。适应五大发展理念，适应经济新常态，适应供给侧结构性改革的要求，适应市场营销方式的多元化，积极创新经营方式，掌握市场竞争主动权。要规范经营，健康发展。牢固树立依法诚信经营的理念，加强自律意识，强化内部管理，保证产品质量，维护消费者权益。

山西省工商行政管理局表示，全省工商和市场监管部门要打击非法经营行为，促进发展。严厉打击传销等违法经营行为，规范直销行业健康发展，遏制传销蔓延的势头。同时要加大宣传力度，弘扬诚信，树立典型。要学习贯彻《"十三五"市场监管规划》，创新监管方式，坚持依法依规监管、简约监管、审慎监管、综合监管、智慧监管、协同监管六大原则，切实提升监管水平，确保直销市场规范、有序、健康发展，为山西经济发展做出新贡献。

2016 年，山西省工商和市场监管部门规范市场主体，严厉打击传销，为直销企业健康发展提供有利条件、创造良好环境。据统计，全省共立案查处传销案件 12 件，捣毁传销窝点 569 个，教育遣返、遣散传销人员 6382 人，解救 22 人。同时围绕企业退换货行为开展了直销市场专项检查，规范了企业的经营行为，取得了一定的成效。

座谈会上，多家直销企业代表先后发言，介绍了各自发展状况并提出相关建议。与会人员共同就如何发展壮大山西省直销企业进行了深入讨论。

二、内蒙古：工商行政管理局"五招"维护直销市场秩序

据中国消费者报·中国消费网消息，随着直销企业数量在不断增加，如何加强直销企业监管和消费者权益保护、维护直销市场秩序，是当前执法部门面临的新课题。内蒙古自治区工商行政管理局认真履行监管职责，不

断强化监管力度，切实维护直销市场秩序和消费者合法权益。

1. 加大监管力度

据了解，内蒙古自治区工商行政管理局竞争执法局2018年查处的两起违规直销案件，都是由于新批的直销企业在销售模式和方法上存在严重问题。内蒙古自治区工商行政管理局提出，要加强对新进入内蒙古开展业务企业的监管，严格规范其经营行为，严惩违法行为，绝不能让这些企业的违法违规行为兴风作浪，切实维护该区直销市场秩序。

2. 创新监管方式

近几年，随着经济社会的发展和产业结构的调整，以互联网为代表的新一轮科技创新和产业变革，催生了网络经济的快速发展，电子商务、线上线下互动等新产业、新业态的不断涌现，颠覆了许多传统的产业模式和消费模式。直销行业的经营模式也正在发生变化。例如，有些企业在原有直销服务网点、直营店的基础上，开始建立体验馆、体验中心、养生馆、工作室等；有些企业开始引入电子商务、应用"互联网+"、微信圈销售或通过网络发展会员等新模式。

针对这些新的经营模式，相关的监管法律法规还不够健全，需要监管部门进行认真分析研判，不断创新监管方法和手段，同时加强同相关部门协调配合，加强对直销行业新业态的监管。

3. 严查违法行为

从内蒙古自治区工商行政管理局竞争执法局近几年查处的直销案件来看，经销商违法违规问题占案件的95%以上，其中以经销商在未经批准地区从事直销、虚假宣传、以传销方式销售三类违规案件居多。一些企业违反直销区域限制规定，在未经批准直销的区域开展直销活动，通过发展经销商，由经销商间接发展"销售顾问""销售代表"等方式违规开展直销业务；还有一些企业对公司的实力、规模、发展前景和产品进行夸大、虚假宣传或纵容、默许经销商违规开展销售业务。

内蒙古各级工商和市场监管部门在监管中特别加强了对企业经销商的监管力度，不允许经销商违规被处罚而企业掏钱埋单的现象发生。

4. 加强队伍建设

内蒙古自治区工商行政管理局要求各级工商和市场监管部门监管人员加强直销监管的法律法规和相关知识的学习，熟悉相关法律法规和规章，特别是新调整到直销监管工作岗位的人员要加强学习，尽快熟悉直销的相关法律，做到知法、懂法，不断提高监管水平。

5. 建立分级监管机制

根据直销监管的实际情况和相关探索，内蒙古自治区工商行政管理局从2016年开始，逐步建立对直销企业进行分级量化考核评价制度，对在内蒙古设立分支机构的直销企业进行分类监管，该提议得到了国家工商行政管理总局的重视。目前，就如何开展分级分类监管，国家工商行政管理总局正在全国工商系统征求意见进行调研。实施信用监管是深化改革，实行事前、事中、事后监管的必然选择。

三、青岛：召开直销企业行业自律联席会议

据中国消费者报·中国消费网消息，山东青岛市召开"2017年度青岛直销企业行业自律联席会议第一次会议"。会议通报了青岛市工商部门直销行业监督管理情况，对2018年的直销监管工作进行了部署。会上，青岛市工商行政管理局还就《直销企业直销员推销合同》示范文本征求与会人员意见。会议由青岛市工商行政管理局直销监管处处长李涛主持，青岛市综治办、文明办、公安局、商务局、高校工委等部门以及55家直销企业出席了会议。

　　青岛市现有获得直销审批区域的直销企业16家，其中总部设在青岛的直销企业3家（海之圣、康尔和长青），待批获准的企业两家。据不完全统计，全国有50余家直销企业在青岛开展了经营业务。在从事与直销业务有关的从业人员中，青岛占到了山东全省总量的1/3以上。逐渐增加的市场主体，既给直销企业的经营业绩带来了发展机遇，又给市场监管工作带来了新的挑战。2017年受全国经济形势大气候的影响，部分直销企业公司业绩出现下滑情况，个别企业受利益驱动，放弃了以产品为导向的直销模式，转而以资本运作、股权转让、出租证照、非法转包等"快速捞钱"的模式运营，严重扰乱了直销市场正常的经营秩序。

　　会议提醒55家与会直销企业，要把握底线思维，切实加强内部管理，要按照青岛市工商行政管理局出台的《直销企业经销商监管指导意见》，把经销商、直销员的经营行为作为内部管理工作的重中之重，通过持续不断的商德和行业规范教育，培养经销商和直销员的企业忠诚度。通过完善的奖惩、退出机制，保护良币，驱逐劣币，确保直销企业不涉传，不出现影响社会稳定的事件。

四、辽宁

1. 营口：工商搭建监管平台 创新规直打传频道规范直销

　　据营口工商行政管理局消息，辽宁省营口市工商行政管理局召开直销企业现场会，就《在营直销企业分类管理实施意见》和"营口市打击传销规范直销频道"操作流程及注意事项开展培训，并现场解答了企业代表的提问。

　　该局坚持"放管服"协同推进，扎实有序开展商事制度改革，同时按照《辽宁省优化营商环境条例》的有关要求，立足职能，对直销监管工作进行大胆尝试。一是研究设计了"营口市打击传销规范直销频道"，现已进入试运行阶段，具体包括图片新闻、红盾传真、直销动态、传销骗术、政策法规、专题报道、直销企业展播、打击传销图片、直销监管系统、举报电话和投诉咨询共11个栏目。其中，直销监管系统包括企业基本情况、备案信息、会议活动报备、直销监管通报、服务网点信息和直销培训员信息等菜单，直销企业可以通过该频道报送上述报备申请材料，监管部门网上受理审批，基本实现了"企业少跑腿，信息多跑路"的预期目标。二是制定了《在营直销企业分类管理实施意见》，出台了《直销企业分类评价标准》，对在营直销企业分支机构、服务网点、直销员、直销活动四项内容进行评分，按照评价成绩分为A、B、C、D四档，据此实施不同的监督检查方式。这两项措施的出台，创新了对直销企业的监管新模式。

2. 盘锦：针对直销企业和从业人员进行不定期随机抽查

据了解，自2018年7月1日起，盘锦市将根据《直销管理条例》和《禁止传销条例》及有关法律、法规、规章的规定，对各直销企业、直销企业分公司、直销员、服务网点以及经销商进行不定期的随机抽查。如发现有违法行为，监管部门将对直销企业、经销商依法进行查处。抽查内容主要包括：辖区内直销企业经销商业宣传、推销等活动，不得组织或参与传销；经直销企业提供支持、帮助、纵容或默许的合作方、关联方挂靠直销企业，打着直销企业旗号或借助直销牌照影响力从事传销活动的；经销商打着直销企业名义，欺骗、误导、引诱群众从事传销、非法集资等行为；非直销企业或团队挂靠直销企业，利用直销企业的产品、销售队伍、物流体系、结算平台等资源从事违法活动等。

五、重庆：工商行政管理局召开2018年直销行业监管座谈会

据中国市场监管报消息，重庆市工商行政管理局召开了2018年直销行

业监管工作座谈会，执法局相关负责人、32家在渝直销企业代表参与了会议。会上转达贯彻了总局关于进一步加强直销监督打点和开展查处以直销名义进行传销专项行动各项工作要求，总结了2017年以来直销监管工作，指出了当前直销行业存在的问题和不敷，对规范发展2018年直销行业提出了要求。

六、甘肃：严查以直销名义和股权激励等形式实施传销行为

据中国市场监管报消息，甘肃省工商行政管理局印发通知，决定从2018年5月开始至年底，在全省开展查处以直销名义和股权激励、资金盘、投资分红等形式实施传销行为的专项执法行动。本次行动将对打着直销旗号以各种形式搞传销的违法行为开展专项查处，通过纠正、查处直销企业和挂靠的"直销团队、销售企业"的传销违法行为，引导直销企业敬畏、尊重法律法规，促进直销企业守法经营。

七、云南：保持高压态势 严厉打击传销

据人民网消息，2018年5月22日，云南省冲击传销工作带领小组会议召开。会议上指出，2017年云南省冲击传销工作取得新成效。全省工商和市场监管部分共立案核办传销案件28起，捣毁取缔传销窝点67个，清劝遣散到场传销人员889人；全省公安机关共立传销案件842起，共破获传销案件642起，采纳刑事强制办法761人，接连乐成侦破"善心汇""昆明华夏老年养生协会"重大网络传销案件，有力震慑遏制了传销犯罪高发势头。

八、广西南宁：精准打击涉嫌传销窝点

据中国消费者报·中国消费网消息，2018年8月1日，广西壮族自治区

南宁市政法委组织工商、公安等执法力量联合行动，对南宁市传销问题较为突出的仙葫开发区的重点小区、出租屋进行精准打击和清查整治，再掀"打传风暴"。

当天上午，执法人员根据网格员、社区工作人员在日常工作中的摸排、核实和踩点情况，以及小区物业和居民举报，派出9个精准打击小组和25个清查整治小组分别对南宁市仙葫经济开发区的万正假日风景和昌泰盛世家园等小区进行集中清查。

据悉，此次行动共查获涉嫌传销人员180余人，涉嫌传销人员被全部带回逐一进行甄别、登记备案等。其中，查获的45名涉嫌传销骨干由公安机关进一步审查，对不构成犯罪的涉嫌传销人员，工商部门将进行行政处罚并教育遣返。

南宁市工商行政管理局有关负责人表示，将继续在政法委的领导下，组织精干力量，全力配合开展各类打击传销专项行动，加大对涉传出租屋及"一日游"大巴的处罚力度，最大限度挤压传销滋生空间；发挥好"反传销宣教室"作用，争取市内传销重点地区全覆盖，达到"教育一批、遣返一批、不再参与"的效果；引导群众深刻认识传销、自觉远离传销、积极举报传销。

九、山东曲阜：设17处防范传销联络点

据中国消费者报·中国消费网消息，山东省济宁市以大型会议场所、大中专院校、商圈、大型写字楼为基准单位，在各县、市、区共设立首批"济宁市防范传销工作信息联络点"110处，并按照《济宁市防范传销工作信息联络点工作职责》，明确了各联络点的反传销职责。其中，曲阜市设立17处，数量最多。

根据《济宁市防范传销工作信息联络点工作职责》，联络点职责主要包括：加强本单位内部各岗位防范传销知识的宣传教育，在所属场所出入口、显示屏、宣传栏等醒目位置张贴预防和打击传销宣传海报等宣传品，在醒目位置公布打击传销违法犯罪活动投诉举报电话；严格把控场所租赁关口，坚决杜绝将所属场地、场所、设施承租（或承借）给涉嫌传销活动的组织或个人使用；强化场所内经营活动的日常监控，对所属场所内从事涉嫌传销行为的组织或个人应予以阻止，并将情况报告所在地公安、市场监管部门；定期（每季度一次）向所在地县级公安、市场监管部门收集和报送本单位场地租借业务详细情况；配合公安、市场监管等部门对传销行为进行调查处置。

"联络点将成为公安、市场监管部门打击传销活动的强有力助手，形成预防和打击传销活动的社会组织架构。通过扩大反传销队伍，增强群众反传销活动的参与度，形成群防群控传销的合力，全力挤压传销活动空间，维护文化旅游城市的社会稳定。"曲阜市市场监管局有关负责人介绍说。

十、湖南长沙：打击传销、规范直销

据湖南日报·华声在线消息，2018年3月14日，在全省"直销企业履行社会责任，维护消费者权益"巡回宣传活动启动仪式上，14家在湘直销企业向省工商行政管理局递交了《湖南省直销行业自律公约》，一致承诺：坚决杜绝《禁止传销条例》中所列的各类传销行为，为消费者提供全面的购货保障。

《湖南省直销行业自律公约》从遵循公平竞争市场原则、规范直销行为等18个方面，作出了郑重承诺，旨在维护消费者合法权益，促进直销企业健康有序发展。

"打击传销，规范直销。"省工商行政管理局副局长陈跃文告诉记者，直销产品已开始进入百姓家庭，但不法传销分子常打着直销的名义进行非法活动，我省在坚决打击传销的同时，将进一步规范直销行业健康发展，加大对直销企业、直销员及直销活动的日常监管力度，建立直销企业管理档案，保障消费者的合法权益。

从2018年3月14日起，全省"直销企业履行社会责任，维护消费者权益"巡回宣传活动，将在14个市州展开，以加强普及直销和识别传销的相关知识，引导社会公众正确认识直销，远离传销。

十一、广东：举报传销案件最高奖励30万元

据中国江苏网消息，办法由广东省工商行政管理局、广东省公安厅、广东省社会治安综合治理委员会办公室、广东省财政厅等四部门联合制定。办法所称的举报人，是指以书面、电话、网络或者其他方式实名向各级政府及所属工商、公安、综治等部门举报传销行为，举报情况经查证属实的人员。办法在对已有经验做法进行提炼的同时，进一步完善奖金发放的激励机制，将举报奖励细化为举报传销窝点和举报传销案件两种。

为了更好地发挥基层社会治安协管人员的作用，使其参与到打击传销工作中来，办法还将平安志愿者、治安联防员、镇街协管员、信息员、网络员、巡防员等相关协管人员纳入发放奖励范围。

十二、海南：打击新型传销

据海南省人民政府消息，针对新型传销传播快、辐射面广、隐蔽性强、危害大等特点，海南省工商行政管理局于近期开展"打击网络传销"专项行动，采取七大举措严厉打击传销违法犯罪活动。

一是严厉打击、坚决取缔以"拉人头"、收取入门费、团队计酬以及通过互联网等方式进行的传销活动。

二是严惩打着职业介绍、招聘兼职等幌子，诱骗学生参加网络传销的行为，严防网络传销活动进入校园。

三是从重惩处为网络传销提供经营场所、培训场所、仓储和人员住宿及其他活动便利条件的行为。

四是坚决取缔假借直销名义从事传销活动以及直销企业从事传销活动的行为。

五是重点打击通过互联网传销和利用传销非法集资等传销犯罪活动，严惩从事网络传销活动的单位、组织者和骨干分子。

六是密切关注全国范围内"打击网络传销"专项行动工作动态，加强与各省、自治区、直辖市相关部门的工作联系，及时沟通情况，严防异地非法网络传销活动及网络传销分子流入本省。

七是发挥"打击传销"工作联席会议作用，每季度召开一次会议，研究落实"打击传销"工作措施，及时互通情况，协调行动，切实加大监管合力，坚决打击传销和变相传销，依法规范直销行为。

十三、河北廊坊：精准打击传销　摧毁传销团伙效果突出

据廊坊日报消息，河北省廊坊的三河市组织公安、工商、打传队、迎宾北路街道等部门精干力量，开展了第11次集中打击传销行动，对盘踞在夏威夷南岸、夏威夷北岸、星河皓月、意华田园、燕京航城等小区的传销人员进行了精准打击，共出动执法人员180人，清查涉嫌传销寝室46家，抓获传销人员57人，查封涉嫌传销出租屋13家，并采取断水、断电、断气等措施。

2018 年以来，廊坊公安机关认真贯彻公安部、省公安厅关于打击传销的工作部署，充分发挥专项行动的"拳头"作用，对传销活动以零容忍的态度重拳出击，精准打击、持续开展打击传销违法犯罪工作，摧毁一批传销团伙，取得实实在在的战果。

2018 年初，该市制定了《2018 年公安机关传销集中整治行动方案》，并成立了由市政府副市长、市公安局党委书记、局长赵晋进同志任组长的专项行动领导小组。同时，要求各地要成立相应组织领导机构，一把手负总责，深入推进打击整治传销活动深入开展。

2018 年以来，全市公安机关在坚决贯彻落实打击传销各项政策的同时，认真做好基层防治工作，不断加强与工商等部门的工作衔接，研究落实教育遣散办法，坚决杜绝"原地遣散"现象的发生。他们陆续开展了"打击传销大排查行动""2018 年网络传销违法犯罪活动联合整治行动""2018 年传销集中整治行动"等专项行动，共捣毁窝点 545 处，教育遣返传销人员 2332 人。经过不懈努力，2018 年第一季度，全市公安机关传销类警情接警数较 2017 年第四季度下降 50.3%。2018 年 4 月份 "2018 年传销集中整治行动"开展以来，全市公安机关接传销警情举报数大幅下降，打传工作取得了显著成效。

十四、武汉：洪山区开展打击传销清查专项行动

据湖北日报网消息，2018 年 5 月 16 日上午九点，由洪山区公安分局、区工商质监局、狮子山派出所、洪山街及社区联合组成的百人打击传销行为集中清查行动组分 8 组突击清查了位于野芷湖西路附近的保利心语 3 期，当场抓获涉嫌传销人员 90 余名。

记者跟随第 3 小组参与了现场清查。在位于 1 栋 9 层的一户居民家中现

场抓获5人。面对询问,涉案嫌疑人均以探亲游玩为借口,拒不承认违法犯罪行为。现场查获的传销培训笔记本和手机微信中的信息显示,他们正在开展"1040阳光工程",即由上线向新发展的下线推荐,这是个被国家暗中支持的资本运作项目,只要每个入股的人投入6.98万元,然后再拉29个人入股,两年后就能获得1040万元巨款,属典型的传销行为。在一名涉案女子的微信中,民警还发现了一条向同伙通风报信的信息。铁证如山,涉案嫌疑人不得不承认事实。

在另一窝点,民警查获了一封特殊的"介绍信",涉案人员准备将他的哥哥骗过来进行传销。办案民警介绍,"杀熟"是传销惯用的伎俩,许久不联系的朋友、老乡、亲戚如若突然联系,邀请去外地旅游或工作,这些"最熟悉的陌生人"很可能已经被传销组织洗脑或控制。

办案过程中,民警发现小区楼下有传销人员的"眼线",导致少数涉案嫌疑人企图逃离现场,在布控严密的情形下,3名藏匿于天台的嫌疑人最终也被抓获。仅该楼栋就抓获嫌疑人11名。

行动结束后,记者在狮子山派出所见到了全部归案的90余名涉案嫌疑人员,他们中以30岁左右的年轻人居多,少数年龄大的也不过50岁出头。派出所专人为他们做完身份登记及行李物品保管之后,给每人分发了反传销宣传资料,并由中国反传销协会会长李旭现场为他们做反传销宣讲。

记者从洪山区综治办获悉,打击传销行为集中清查行动旨在深化平安洪山创建工作,推动"无传销社区"创建工作,为群众营造一个良好的社会治安环境。洪山区专门在书城路建立了反传销宣传基地,并特聘中国反传销协会会长李旭为授课专家。此次抓获的90余名嫌疑人将在基地进行反传销学习,结束后将集中遣返。

十五、南昌：启动2018年打击传销春夏季战役

据中国江西网消息，为铲除传销这颗毒瘤，切实维护群众利益。2018年4月20日，记者从南昌市打击传销工作领导小组办公室获悉，2018年4月20至9月30日，南昌将开展2018年打击传销春夏季战役工作。

据介绍，此次战役将根据辖区形势任务，采取集中或专项整治的办法，持续重点打击以"1040工程""资本运作""连锁销售"等名义实施的聚集式传销，精准出击，清除传销窝点、教育遣散涉传人员，对涉嫌违法犯罪的传销组织的组织者、领导者、骨干成员予以严惩。对排查出的网络传销线索，严格按照《2018年南昌市网络传销违法犯罪活动联合整治工作方案》的要求进行办理。

此外，南昌市将对重点区域和重点企业进行深入细致排查。各县（区）、开发区（新区）公安、市场监管部门将认真分析辖区内传销活动规律、传销形势，组织力量进行深入细致排查，对选择城乡接合部、城中村、返建房出租屋和查处过的传销聚集人员多、传销案件多的重点地区开展逐村逐户清查，对为传销组织活动的人员和为传销活动提供便利条件的出租户采取必要的行政处罚措施。同时，还将利用企业年报"双随机"检查、专项检查的方法，对辖区内互联网金融、金融服务类等可能涉嫌网络传销企业的经营模式，进行认真清查。

为推动此次战役取得实效，市打传办将组织督导组，赴各县（区）、开发区（新区）督导。对打传工作严重滞后的，将下发督办函，对工作不负责任等导致重大不稳定事件的，以及瞒报、漏报的，将进行责任倒查，严肃追责。

十六、贵阳：掀起打击"1040工程"传销新高潮

据天津经侦网消息，据了解，这次传销组织叫"1040工程"，声称只要

147

投入69800元，一年内就能赚到1040万。不过传销人员必须不断发展下线才能延续他们的"生命线"。

2018年1月12日至1月18日，贵阳市观山湖区多部门联合开展了集中清理传销组织的专项行动，截至2018年1月19号上午，在全区全规模强力清理整治下，行动中，各社区打传队伍认真开展清理整治工作，涉传人员清理、人员处罚、反洗脑教育、房屋查封、锁芯置换、房东处罚、将涉传人员录入门禁黑名单和公安核查系统等工作流程化、标准化、硬性化，健全、完善、高效的清传手段，切实为取缔传销组织，稳步创建观山湖区无传城市奠定了强有力基础。

警方称这次各部门联合专项打击清理传销组织行动不光在世纪城社区，整个观山湖区都将持续、严厉打击传销行为。在全区全规模强力清理整治下，共清查出租房92户，传销958人，观山湖公园内共计清理涉传人员338人。

十七、安徽：打击传销"皖剑—2018"专项行动

据中国工商报消息，从安徽省打击传销工作联席会议第六次会议上获悉，从7月中旬至11月30日，安徽省将进一步集中力量、集中时间开展打击传销"皖剑—2018"专项行动。第六次会议认真分析研判当前打传工作面临形势，研究部署下一阶段重点工作。要求全省上下因势定策，辨势而动，突出重点，严厉打击线上线下传销行为，确保全省打传工作扎实有效推进。

安徽省此次打击传销行动剑指"拉人头、团队计酬、收取入门费"等各种方式的新型传销活动；严厉打击以"资本运作""微商""电商""多层分销""消费投资""爱心互助"等为幌子的各类网络传销违法行为；依

法规范直销行为，查处违规招募、违规培训、违规计酬等不法行为，坚决取缔打着直销旗号从事传销以及直销企业从事传销的行为。

据了解，安徽省今年的专项行动分摸排部署、集中整治、总结巩固3个阶段进行。旨在通过持续整治，全面清理在安徽各地活动的异地聚集型传销人员，有效打击网络传销，防止网络传销渗透蔓延；通过继续推进"无传销社区（村）""无传销网络平台"创建等基础性工作，完善打击传销工作责任制和部门协作长效机制，使全省传销活动数量明显减少，重点地区传销反复、多发势头有效遏制，其他地区传销活动得到全面控制，经常性、规模化的传销活动基本杜绝，群众识别、防范传销能力进一步增强，被骗往外地参与传销和外省被骗到本省参与传销活动的人员明显减少。目前，安徽省已认定命名的无传销社区（村）达12127个。

十八、西安：开展打击传销集中行动　端掉传销窝点

据西安新闻网消息，2018年4月2日凌晨3点30分，浐灞分局集结了380余名民警。根据前期摸排，浐灞分局辖区内约有22个涉嫌传销窝点。凌晨4点钟，记者跟随一路民警来到了田家湾村。在一民房里发现了涉嫌传销的4名女子，9名男子。

记者又跟随另一路民警来到了白杨寨村，这里的涉嫌传销组织，已被控制起来。记者看到了涉嫌传销的标配：大通铺，行李箱，男女混住，墙上还贴有励志标语。询问中，这些男男女女都明知自己是在传销，却还是从外地来这里做发财梦。民警对150名涉嫌传销的人员进行身份核实后，统一带到十里铺派出所。

据民警介绍，此次行动与以往不同，民警在前期大量摸排后，统一行动，精准打击。这次打击很彻底，传销人员都已落网。

据了解，这次打击的传销组织还是用的老套路：以高薪工作为诱饵，或者用感情骗取对方，让其来到西安，再进行洗脑，花钱购买产品，发展下线。希望年轻人能谨慎再谨慎，以免误入传销组织！

十九、南京：启动创建无传销社区

据中新网江苏消息，2018年6月6日上午，南京市秦淮区市场监督管理局、秦淮区消费者协会携手无限极（中国）有限公司面向市民开展"打击传销规范直销　创建无传销社区"宣传。

近年来，传销组织出现了组织严密、名目繁多、范围蔓延等新特点，打击传销工作形势严峻。据悉，开展创建"无传销社区"活动已十余年，实践证明这是打击整治聚集式传销行之有效的方法。

基层社区是打击聚集式传销第一线，是无传销创建的基本单元。活动现场24个社区被授"无传销社区"牌匾。主办方表示，希望通过该形式将创建活动引向深入，引导群众自觉抵制传销，在社区内形成良好的打击传销社会氛围。参与市民纷纷反映，活动的开展让他们更深入地了解到国家相关政策法规，帮助居民提高识别能力，增强防范意识。

二十、北海："传销不死，决不收兵"

据北海市公安局消息，2018年2月6日下午，北海市公安局在市局指挥中心四楼组织召开反传销特别宣传活动新闻通气会。市局党委委员、副局长林桂明出席通气会。此次通气会向社会各界通报相关情况，并向社会各界发出打击传销最强音，不论传销违法犯罪分子逃往哪里，都会将之绳之以法，希望广大市民积极举报相关线索，打一场反传销的人民战争，敦促传销头目早日自首。

2017年，北海市委、市政府高度重视打传工作，市委书记王乃学提出"传销不死，决不收兵"，市长李延强提出"北海绝不是传销天堂，将坚决把传销人员赶出北海"，并亲自指挥了"6·6""8·29""11·16"等大型统一清查收网行动，不断掀起打击传销的新高潮。市公安局党委坚决贯彻市委、市政府的工作部署，坚持早打、狠打，从2017年初就组织开展了"10+1+1"打击传销大会战专项行动，明确了海城、银海两个区作为打击的重点区。

事实证明，打击传销的各项活动取得明显效果。

一是开展创建"无传销小区"工作效果明显。通过清查整治，海城、银海两区共创建"无传销小区"165个，全市创建率达到20.4%；其中海城区以止泊园为创建点，共创建无传销小区95个；银海区以海岸华府为创建点，共创建无传销小区70个。

二是压实工作职责，明确工作责任。北海市打传队全年共出动执法力量41244人次，清查传销人员24861人次，清查出租屋13155间，捣毁传销窝点10286处，打掉传销团伙43个，处罚传销违法车辆586辆，行政罚没743万元，收缴传销书刊11937册，发放反传宣传资料149233份（册）；通过开展清查和打击行动，清查传销人员、行政罚没比2016年同期分别提高85%、77%，有效地打压了传销犯罪的嚣张气焰，净化了社会风气。

三是及时查处各类传销举报案件。2017年，通过开展"6·6"等大型清查行动，发动了群众利用北海365网站、微信公众号等网络进行举报，市公安机关、打传专业队及时反应，共查处各类传销举报和求助971起，解救传销受骗群众1098人，捣毁传销窝点655处、会场23个，及时回应人民群众的呼声。

2018年，北海公安机关在第一季度打击传销工作实现"高开高走"，

并相继开展了"1·19""1·31"等大型清查行动，打掉湖南、内蒙古、甘肃等传销体系5个，刑拘传销人员105人。下一步，全市公安机关将在市委、市政府及上级公安机关的正确领导下，坚持贯彻"传销不死，决不收兵"，从"保民生、保发展、保稳定"的大局出发，以创建"无传销城市"为主线，进一步细化工作措施，创新工作思路，强化综合治理，全民动员，加大打击、整治、宣传工作力度，坚决打赢创建"无传销城市"的人民战争！

第四章

规范发展　有法可依
——重要直销法规汇编

GUIFANFAZHAN YOUFAKEYI
——ZHONGYAOZHIXIAOFAGUIHUIBIAN

自2005年以来，关于打击传销规范直销的法规、文件、指导意见及通知可以说汗牛充栋、不计其数。

在此，我们仅仅汇编的是一些重要的法规成果……

《中华人民共和国对外贸易法》

（1994年5月12日第八届全国人民代表大会常务委员会第七次会议通过，1994年5月12日中华人民共和国主席令第二十二号公布，自1994年7月1日起执行）

第一章 总则

第一条 为了发展对外贸易，维护对外贸易秩序，促进社会主义市场经济的健康发展，制定本法。

第二条 本法所称对外贸易，是指货物进出口、技术进出口和国际服务贸易。

第三条 国务院对外经济贸易主管部门依照本法主管全国对外贸易工作。

第四条 国家实行统一的对外贸易制度，依法维护公平的、自由的对外贸易秩序。

国家鼓励发展对外贸易，发挥地方的积极性，保障对外贸易经营者的经营自主权。

第五条　中华人民共和国根据平等互利的原则，促进和发展同其他国家和地区的贸易关系。

第六条　中华人民共和国在对外贸易方面根据所缔结或者参加的国际条约、协定，给予其他缔约方、参加方或者根据互惠、对等原则给予对方最惠国待遇、国民待遇。

第七条　任何国家或者地区在贸易方面对中华人民共和国采取歧视性的禁止、限制或者其他类似措施的，中华人民共和国可以根据实际情况对该国家或者该地区采取相应的措施。

第二章　对外贸易经营者

第八条　本法所称对外贸易经营者，是指依照本法规定从事对外贸易经营活动的法人和其他组织。

第九条　从事货物进出口与技术进出口的对外贸易经营，必须具备下列条件，经国务院对外经济贸易主管部门许可：

（一）有自己的名称和组织机构；

（二）有明确的对外贸易经营范围；

（三）具有其经营的对外贸易业务所必需的场所、资金和专业人员；

（四）委托他人办理进出口业务达到规定的实绩或者具有必需的进出口货源；

（五）法律、行政法规规定的其他条件。

前款规定的实施办法由国务院规定。

外商投资企业依照有关外商投资企业的法律、行政法规的规定，进口企业自用的非生产物品，进口企业生产所需的设备、原材料和其他物资，出口其生产的产品，免予办理第一款规定的许可。

第十条 国际服务贸易企业和组织的设立及其经营活动，应当遵守本法和其他有关法律、行政法规的规定。

第十一条 对外贸易经营者依法自主经营、自负盈亏。

第十二条 对外贸易经营者从事对外贸易经营活动，应当信守合同，保证商品质量，完善售后服务。

第十三条 没有对外贸易经营许可的组织或者个人，可以在国内委托对外贸易经营者在其经营范围内代为办理其对外贸易业务。

接受委托的对外贸易经营者应当向委托方如实提供市场行情、商品价格、客户情况等有关的经营信息。委托方与被委托方应当签订委托合同，双方的权利义务由合同约定。

第十四条 对外贸易经营者应当按照国务院对外经济贸易主管部门的规定，向有关部门提交与其对外贸易经营活动有关的文件及资料。有关部门应当为提供者保守商业秘密。

第三章 货物进出口与技术进出口

第十五条 国家准许货物与技术的自由进出口。但是，法律、行政法规另有规定的除外。

第十六条 属于下列情形之一的货物、技术，国家可以限制进口或者出口：

（一）为维护国家安全或者社会公共利益，需要限制进口或者出口的；

（二）国内供应短缺或者为有效保护可能用竭的国内资源，需要限制出口的；

（三）输往国家或者地区的市场容量有限，需要限制出口的；

（四）为建立或者加快建立国内特定产业，需要限制进口的；

（五）对任何形式的农业、牧业、渔业产品有必要限制进口的；

（六）为保障国家国际金融地位和国际收支平衡，需要限制进口的；

（七）根据中华人民共和国所缔结或者参加的国际条约、协定的规定，需要限制进口或者出口的。

第十七条　属于下列情形之一的货物、技术，国家禁止进口或者出口：

（一）危害国家安全或者社会公共利益的；

（二）为保护人的生命或者健康，必须禁止进口或者出口的；

（三）破坏生态环境的；

（四）根据中华人民共和国所缔结或者参加的国际条约、协定的规定，需要禁止进口或者出口的。

第十八条　国务院对外经济贸易主管部门应当会同国务院有关部门，依照本法第十六条、第十七条的规定，制定、调整并公布限制或者禁止进出口的货物、技术目录。

国务院对外经济贸易主管部门或者由其会同国务院有关部门，经国务院批准，可以在本法第十六条、第十七条规定的范围内，临时决定限制或者禁止前款规定目录以外的特定货物、技术的进口或者出口。

第十九条　对限制进口或者出口的货物，实行配额或者许可证管理；对限制进口或者出口的技术，实行许可证管理。

实行配额或者许可证管理的货物、技术，必须依照国务院规定经国务院对外经济贸易主管部门或者由其会同国务院有关部门许可，方可进口或者出口。

第二十条　进出口货物配额，由国务院对外经济贸易主管部门或者国务院有关部门在各自的职责范围内，根据申请者的进出口实绩、能力等条件，按照效益、公正、公开和公平竞争的原则进行分配。

配额的分配方式和办法由国务院规定。

第二十一条 对文物、野生动植物及其产品等货物、物品，其他法律、行政法规有禁止进出口或者限制进出口规定的，依照有关法律、行政法规的规定办理。

第四章 国际服务贸易

第二十二条 国家促进国际服务贸易的逐步发展。

第二十三条 中华人民共和国在国际服务贸易方面根据所缔结或者参加的国际条约、协定中所作的承诺，给予其他缔约方、参加方市场准入和国民待遇。

第二十四条 国家基于下列原因之一，可以限制国际服务贸易：

（一）为维护国家安全或者社会公共利益；

（二）为保护生态环境；

（三）为建立或者加快建立国内特定的服务行业；

（四）为保障国家外汇收支平衡；

（五）法律、行政法规规定的其他限制。

第二十五条 属于下列情形之一的国际服务贸易，国家予以禁止：

（一）危害国家安全或者社会公共利益的；

（二）违反中华人民共和国承担的国际义务的；

（三）法律、行政法规规定禁止的。

第二十六条 国务院对外经济贸易主管部门和国务院有关部门，依照本法和其他有关法律、行政法规，对国际服务贸易进行管理。

第五章　对外贸易秩序

第二十七条　对外贸易经营者在对外贸易经营活动中，应当依法经营，公平竞争，不得有下列行为：

（一）伪造、变造或者买卖进出口原产地证明、进出口许可证；

（二）侵害中华人民共和国法律保护的知识产权；

（三）以不正当竞争手段排挤竞争对手；

（四）骗取国家的出口退税；

（五）违反法律、行政法规规定的其他行为。

第二十八条　对外贸易经营者在对外贸易经营活动中，应当依照国家有关规定结汇、用汇。

第二十九条　因进口产品数量增加，使国内相同产品或者与其直接竞争的产品的生产者受到严重损害或者严重损害的威胁时，国家可以采取必要的保障措施，消除或者减轻这种损害或者损害的威胁。

第三十条　产品以低于正常价值的方式进口并由此对国内已建立的相关产业造成实质损害或者产生实质损害的威胁，或者对国内建立相关产业造成实质阻碍时，国家可以采取必要措施，消除或者减轻这种损害或者损害的威胁或者阻碍。

第三十一条　进口的产品直接或者间接地接受出口国给予的任何形式的补贴，并由此对国内已建立的相关产业造成实质损害或者产生实质损害的威胁，或者对国内建立相关产业造成实质阻碍时，国家可以采取必要措施，消除或者减轻这种损害或者损害的威胁或者阻碍。

第三十二条　发生第二十九条、第三十条、第三十一条规定的情况时，国务院规定的部门或者机构应当依照法律、行政法规的规定进行调查，作出处理。

第六章 对外贸易促进

第三十三条 国家根据对外贸易发展的需要，建立和完善为对外贸易服务的金融机构，设立对外贸易发展基金、风险基金。

第三十四条 国家采取进出口信贷、出口退税及其他对外贸易促进措施，发展对外贸易。

第三十五条 对外贸易经营者可以依法成立和参加进出口商会。

进出口商会应当遵守法律、行政法规，依照章程对其会员的对外贸易经营活动进行协调指导，提供咨询服务，向政府有关部门反映会员有关对外贸易促进方面的建议，并积极开展对外贸易促进活动。

第三十六条 中国国际贸易促进组织依照章程开展对外联系，举办展览，提供信息、咨询服务和其他对外贸易促进活动。

第三十七条 国家扶持和促进民族自治地方和经济不发达地区发展对外贸易。

第七章 法律责任

第三十八条 走私禁止进出口或者限制进出口的货物，构成犯罪的，依照惩治走私罪的补充规定追究刑事责任；不构成犯罪的，依照《海关法》的规定处罚。国务院对外经济贸易主管部门可以撤销其对外贸易经营许可。

第三十九条 伪造、变造进出口原产地证明、进出口许可证，依照刑法第一百六十七条的规定追究刑事责任；买卖进出口原产地证明、进出口许可证或者买卖伪造、变造的进出口原产地证明、进出口许可证，比照刑

法第一百六十七条的规定追究刑事责任。

单位犯前款罪的，判处罚金并对单位直接负责的主管人员和其他直接责任人员依照或者比照刑法第一百六十七条的规定追究刑事责任。国务院对外经济贸易主管部门可以撤销其对外贸易经营许可。

明知是伪造、变造的进出口许可证而用以进口或者出口货物，依照本法第三十八条的规定处罚。

第四十条　违反本法规定，进口或者出口禁止进出口或者限制进出口的技术，构成犯罪的，比照惩治走私罪的补充规定追究刑事责任。

第四十一条　国家对外贸易工作人员玩忽职守、徇私舞弊或者滥用职权，构成犯罪的，依法追究刑事责任；不构成犯罪的，给予行政处分。

国家对外贸易工作人员利用职务上的便利，索取他人财物，或者非法收受他人财物为他人谋取利益，构成犯罪的，依照惩治贪污罪贿赂罪的补充规定追究刑事责任；不构成犯罪的，给予行政处分。

第八章　附则

第四十二条　国家对边境城镇与接壤国家边境城镇之间的贸易以及边民互市贸易，采取灵活措施，给予优惠和便利。具体办法由国务院规定。

第四十三条　中华人民共和国的单独关税区不适用本法。

第四十四条　本法自 1994 年 7 月 1 日起施行。

《直销管理条例》

发布单位：国务院

发布文号：中华人民共和国国务院令第443号

发布日期：2005年8月23日

生效日期：2005年12月1日

第一章 总则

第一条 为规范直销行为，加强对直销活动的监管，防止欺诈，保护消费者的合法权益和社会公共利益，制定本条例。

第二条 在中华人民共和国境内从事直销活动，应当遵守本条例。

直销产品的范围由国务院商务主管部门会同国务院工商行政管理部门根据直销业的发展状况和消费者的需求确定、公布。

第三条 本条例所称直销，是指直销企业招募直销员，由直销员在固定营业场所之外直接向最终消费者（以下简称消费者）推销产品的经销方式。

本条例所称直销企业，是指依照本条例规定经批准采取直销方式销售产品的企业。

本条例所称直销员，是指在固定营业场所之外将产品直接推销给消费者的人员。

第四条 在中华人民共和国境内设立的企业（以下简称企业），可以依照本条例规定申请成为以直销方式销售本企业生产的产品以及其母公司、控股公司生产产品的直销企业。

直销企业可以依法取得贸易权和分销权。

第五条　直销企业及其直销员从事直销活动，不得有欺骗、误导等宣传和推销行为。

第六条　国务院商务主管部门和工商行政管理部门依照其职责分工和本条例规定，负责对直销企业和直销员及其直销活动实施监督管理。

第二章　直销企业及其分支机构的设立和变更

第七条　申请成为直销企业，应当具备下列条件：

（一）投资者具有良好的商业信誉，在提出申请前连续5年没有重大违法经营记录；外国投资者还应当有3年以上在中国境外从事直销活动的经验；

（二）实缴注册资本不低于人民币8000万元；

（三）依照本条例规定在指定银行足额缴纳了保证金；

（四）依照规定建立了信息报备和披露制度。

第八条　申请成为直销企业应当填写申请表，并提交下列申请文件、资料：

（一）符合本条例第七条规定条件的证明材料；

（二）企业章程，属于中外合资、合作企业的，还应当提供合资或者合作企业合同；

（三）市场计划报告书，包括依照本条例第十条规定拟定的经当地县级以上人民政府认可的从事直销活动地区的服务网点方案；

（四）符合国家标准的产品说明；

（五）拟与直销员签订的推销合同样本；

（六）会计师事务所出具的验资报告；

（七）企业与指定银行达成的同意依照本条例规定使用保证金的协议。

第九条 申请人应当通过所在地省、自治区、直辖市商务主管部门向国务院商务主管部门提出申请。省、自治区、直辖市商务主管部门应当自收到申请文件、资料之日起7日内，将申请文件、资料报送国务院商务主管部门。国务院商务主管部门应当自收到全部申请文件、资料之日起90日内，经征求国务院工商行政管理部门的意见，作出批准或者不予批准的决定。予以批准的，由国务院商务主管部门颁发直销经营许可证。

申请人持国务院商务主管部门颁发的直销经营许可证，依法向工商行政管理部门申请变更登记。国务院商务主管部门审查颁发直销经营许可证，应当考虑国家安全、社会公共利益和直销业发展状况等因素。

第十条 直销企业从事直销活动，必须在拟从事直销活动的省、自治区、直辖市设立负责该行政区域内直销业务的分支机构（以下简称分支机构）。

直销企业在其从事直销活动的地区应当建立便于并满足消费者、直销员了解产品价格、退换货及企业依法提供其他服务的服务网点。服务网点的设立应当符合当地县级以上人民政府的要求。

直销企业申请设立分支机构，应当提供符合前款规定条件的证明文件和资料，并应当依照本条例第九条第一款规定的程序提出申请。获得批准后，依法向工商行政管理部门办理登记。

第十一条 直销企业有关本条例第八条所列内容发生重大变更的，应当依照本条例第九条第一款规定的程序报国务院商务主管部门批准。

第十二条 国务院商务主管部门应当将直销企业及其分支机构的名单在政府网站上公布，并及时进行更新。

第三章 直销员的招募和培训

第十三条 直销企业及其分支机构可以招募直销员。直销企业及其分

支机构以外的任何单位和个人不得招募直销员。

直销员的合法推销活动不以无照经营查处。

第十四条　直销企业及其分支机构不得发布宣传直销员销售报酬的广告，不得以缴纳费用或者购买商品作为成为直销员的条件。

第十五条　直销企业及其分支机构不得招募下列人员为直销员：

（一）未满18周岁的人员；

（二）无民事行为能力或者限制民事行为能力的人员；

（三）全日制在校学生；

（四）教师、医务人员、公务员和现役军人；

（五）直销企业的正式员工；

（六）境外人员；

（七）法律、行政法规规定不得从事兼职的人员。

第十六条　直销企业及其分支机构招募直销员应当与其签订推销合同，并保证直销员只在其一个分支机构所在的省、自治区、直辖市行政区域内已设立服务网点的地区开展直销活动。未与直销企业或者其分支机构签订推销合同的人员，不得以任何方式从事直销活动。

第十七条　直销员自签订推销合同之日起60日内可以随时解除推销合同；60日后，直销员解除推销合同应当提前15日通知直销企业。

第十八条　直销企业应当对拟招募的直销员进行业务培训和考试，考试合格后由直销企业颁发直销员证。未取得直销员证，任何人不得从事直销活动。

直销企业进行直销员业务培训和考试，不得收取任何费用。

直销企业以外的单位和个人，不得以任何名义组织直销员业务培训。

第十九条　对直销员进行业务培训的授课人员应当是直销企业的正式

员工，并符合下列条件：

（一）在本企业工作1年以上；

（二）具有高等教育本科以上学历和相关的法律、市场营销专业知识；

（三）无因故意犯罪受刑事处罚的记录；

（四）无重大违法经营记录。

直销企业应当向符合前款规定的授课人员颁发直销培训员证，并将取得直销培训员证的人员名单报国务院商务主管部门备案。国务院商务主管部门应当将取得直销培训员证的人员名单，在政府网站上公布。

境外人员不得从事直销员业务培训。

第二十条　直销企业颁发的直销员证、直销培训员证应当依照国务院商务主管部门规定的式样印制。

第二十一条　直销企业应当对直销员业务培训的合法性、培训秩序和培训场所的安全负责。

直销企业及其直销培训员应当对直销员业务培训授课内容的合法性负责。

直销员业务培训的具体管理办法由国务院商务主管部门、国务院工商行政管理部门会同有关部门另行制定。

第四章　直销活动

第二十二条　直销员向消费者推销产品，应当遵守下列规定：

（一）出示直销员证和推销合同；

（二）未经消费者同意，不得进入消费者住所强行推销产品，消费者要求其停止推销活动的，应当立即停止，并离开消费者住所；

（三）成交前，向消费者详细介绍本企业的退货制度；

（四）成交后，向消费者提供发票和由直销企业出具的含有退货制度、直销企业当地服务网点地址和电话号码等内容的售货凭证。

第二十三条　直销企业应当在直销产品上标明产品价格，该价格与服务网点展示的产品价格应当一致。直销员必须按照标明的价格向消费者推销产品。

第二十四条　直销企业至少应当按月支付直销员报酬。直销企业支付给直销员的报酬只能按照直销员本人直接向消费者销售产品的收入计算，报酬总额（包括佣金、奖金、各种形式的奖励以及其他经济利益等）不得超过直销员本人直接向消费者销售产品收入的30%。

第二十五条　直销企业应当建立并实行完善的换货和退货制度。

消费者自购买直销产品之日起30日内，产品未开封的，可以凭直销企业开具的发票或者售货凭证向直销企业及其分支机构、所在地的服务网点或者推销产品的直销员办理换货和退货；直销企业及其分支机构、所在地的服务网点和直销员应当自消费者提出换货或者退货要求之日起7日内，按照发票或者售货凭证标明的价款办理换货和退货。

直销员自购买直销产品之日起30日内，产品未开封的，可以凭直销企业开具的发票或者售货凭证向直销企业及其分支机构或者所在地的服务网点办理换货和退货；直销企业及其分支机构和所在地的服务网点应当自直销员提出换货或者退货要求之日起7日内，按照发票或者售货凭证标明的价款办理换货和退货。

不属于前两款规定情形，消费者、直销员要求换货和退货的，直销企业及其分支机构、所在地的服务网点和直销员应当依照有关法律法规的规定或者合同的约定，办理换货和退货。

第二十六条　直销企业与直销员、直销企业及其直销员与消费者因换货或者退货发生纠纷的，由前者承担举证责任。

第二十七条 直销企业对其直销员的直销行为承担连带责任，能够证明直销员的直销行为与本企业无关的除外。

第二十八条 直销企业应当依照国务院商务主管部门和国务院工商行政管理部门的规定，建立并实行完备的信息报备和披露制度。

直销企业信息报备和披露的内容、方式及相关要求，由国务院商务主管部门和国务院工商行政管理部门另行规定。

第五章 保证金

第二十九条 直销企业应当在国务院商务主管部门和国务院工商行政管理部门共同指定的银行开设专门账户，存入保证金。

保证金的数额在直销企业设立时为人民币2000万元；直销企业运营后，保证金应当按月进行调整，其数额应当保持在直销企业上一个月直销产品销售收入15%的水平，但最高不超过人民币1亿元，最低不少于人民币2000万元。保证金的利息属于直销企业。

第三十条 出现下列情形之一，国务院商务主管部门和国务院工商行政管理部门共同决定，可以使用保证金：

（一）无正当理由，直销企业不向直销员支付报酬，或者不向直销员、消费者支付退货款的；

（二）直销企业发生停业、合并、解散、转让、破产等情况，无力向直销员支付报酬或者无力向直销员和消费者支付退货款的；

（三）因直销产品问题给消费者造成损失，依法应当进行赔偿，直销企业无正当理由拒绝赔偿或者无力赔偿的。

第三十一条 保证金依照本条例第三十条规定使用后，直销企业应当

在1个月内将保证金的数额补足到本条例第二十九条第二款规定的水平。

第三十二条　直销企业不得以保证金对外担保或者违反本条例规定用于清偿债务。

第三十三条　直销企业不再从事直销活动的，凭国务院商务主管部门和国务院工商行政管理部门出具的凭证，可以向银行取回保证金。

第三十四条　国务院商务主管部门和国务院工商行政管理部门共同负责保证金的日常监管工作。

保证金存缴、使用的具体管理办法由国务院商务主管部门、国务院工商行政管理部门会同有关部门另行制定。

第六章　监督管理

第三十五条　工商行政管理部门负责对直销企业和直销员及其直销活动实施日常的监督管理。工商行政管理部门可以采取下列措施进行现场检查：

（一）进入相关企业进行检查；

（二）要求相关企业提供有关文件、资料和证明材料；

（三）询问当事人、利害关系人和其他有关人员，并要求其提供有关材料；

（四）查阅、复制、查封、扣押相关企业与直销活动有关的材料和非法财物；

（五）检查有关人员的直销培训员证、直销员证等证件。

工商行政管理部门依照前款规定进行现场检查时，检查人员不得少于2人，并应当出示合法证件；实施查封、扣押的，必须经县级以上工商行政管理部门主要负责人批准。

第三十六条 工商行政管理部门实施日常监督管理，发现有关企业有涉嫌违反本条例行为的，经县级以上工商行政管理部门主要负责人批准，可以责令其暂时停止有关的经营活动。

第三十七条 工商行政管理部门应当设立并公布举报电话，接受对违反本条例行为的举报和投诉，并及时进行调查处理。

工商行政管理部门应当为举报人保密；对举报有功人员，应当依照国家有关规定给予奖励。

第七章 法律责任

第三十八条 对直销企业和直销员及其直销活动实施监督管理的有关部门及其工作人员，对不符合本条例规定条件的申请予以许可或者不依照本条例规定履行监督管理职责的，对直接负责的主管人员和其他直接责任人员，依法给予行政处分；构成犯罪的，依法追究刑事责任。对不符合本条例规定条件的申请予以的许可，由作出许可决定的有关部门撤销。

第三十九条 违反本条例第九条和第十条规定，未经批准从事直销活动的，由工商行政管理部门责令改正，没收直销产品和违法销售收入，处5万元以上30万元以下的罚款；情节严重的，处30万元以上50万元以下的罚款，并依法予以取缔；构成犯罪的，依法追究刑事责任。

第四十条 申请人通过欺骗、贿赂等手段取得本条例第九条和第十条设定的许可的，由工商行政管理部门没收直销产品和违法销售收入，处5万元以上30万元以下的罚款，由国务院商务主管部门撤销其相应的许可，申请人不得再提出申请；情节严重的，处30万元以上50万元以下的罚款，并依法予以取缔；构成犯罪的，依法追究刑事责任。

第四十一条 直销企业违反本条例第十一条规定的，由工商行政管理

部门责令改正，处3万元以上30万元以下的罚款；对不再符合直销经营许可条件的，由国务院商务主管部门吊销其直销经营许可证。

第四十二条　直销企业违反规定，超出直销产品范围从事直销经营活动的，由工商行政管理部门责令改正，没收直销产品和违法销售收入，处5万元以上30万元以下的罚款；情节严重的，处30万元以上50万元以下的罚款，由工商行政管理部门吊销有违法经营行为的直销企业分支机构的营业执照直至由国务院商务主管部门吊销直销企业的直销经营许可证。

第四十三条　直销企业及其直销员违反本条例规定，有欺骗、误导等宣传和推销行为的，对直销企业，由工商行政管理部门处3万元以上10万元以下的罚款；情节严重的，处10万元以上30万元以下的罚款，由工商行政管理部门吊销有违法经营行为的直销企业分支机构的营业执照直至由国务院商务主管部门吊销直销企业的直销经营许可证。对直销员，由工商行政管理部门处5万元以下的罚款；情节严重的，责令直销企业撤销其直销员资格。

第四十四条　直销企业及其分支机构违反本条例规定招募直销员的，由工商行政管理部门责令改正，处3万元以上10万元以下的罚款；情节严重的，处10万元以上30万元以下的罚款，由工商行政管理部门吊销有违法经营行为的直销企业分支机构的营业执照直至由国务院商务主管部门吊销直销企业的直销经营许可证。

第四十五条　违反本条例规定，未取得直销员证从事直销活动的，由工商行政管理部门责令改正，没收直销产品和违法销售收入，可以处2万元以下的罚款；情节严重的，处2万元以上20万元以下的罚款。

第四十六条　直销企业进行直销员业务培训违反本条例规定的，由工商行政管理部门责令改正，没收违法所得，处3万元以上10万元以下的罚款；情节严重的，处10万元以上30万元以下的罚款，由工商行政管理部门吊销有违法经营行为的直销企业分支机构的营业执照直至由国务院商务主管部门吊销直销企业的直销经营许可证；对授课人员，由工商行政管理部门处5万元以下的罚款，是直销培训员的，责令直销企业撤销其直销培训员资格。

直销企业以外的单位和个人组织直销员业务培训的，由工商行政管理部门责令改正，没收违法所得，处2万元以上20万元以下的罚款。

第四十七条 直销员违反本条例第二十二条规定的，由工商行政管理部门没收违法销售收入，可以处5万元以下的罚款；情节严重的，责令直销企业撤销其直销员资格，并对直销企业处1万元以上10万元以下的罚款。

第四十八条 直销企业违反本条例第二十三条规定的，依照《价格法》的有关规定处理。

第四十九条 直销企业违反本条例第二十四条和第二十五条规定的，由工商行政管理部门责令改正，处5万元以上30万元以下的罚款；情节严重的，处30万元以上50万元以下的罚款，由工商行政管理部门吊销有违法经营行为的直销企业分支机构的营业执照直至由国务院商务主管部门吊销直销企业的直销经营许可证。

第五十条 直销企业未依照有关规定进行信息报备和披露的，由工商行政管理部门责令限期改正，处10万元以下的罚款；情节严重的，处10万元以上30万元以下的罚款；拒不改正的，由国务院商务主管部门吊销其直销经营许可证。

第五十一条 直销企业违反本条例第五章有关规定的，由工商行政管理部门责令限期改正，处10万元以下的罚款；拒不改正的，处10万元以上30万元以下的罚款，由国务院商务主管部门吊销其直销经营许可证。

第五十二条　违反本条例的违法行为同时违反《禁止传销条例》的，依照《禁止传销条例》有关规定予以处罚。

第八章　附则

第五十三条　直销企业拟成立直销企业协会等社团组织，应当经国务院商务主管部门批准，凭批准文件依法申请登记。

第五十四条　香港特别行政区、澳门特别行政区和台湾地区的投资者在境内投资建立直销企业，开展直销活动的，参照本条例有关外国投资者的规定办理。

第五十五条　本条例自2005年12月1日起施行。

《禁止传销条例》

发布单位：中华人民共和国国务院

发布文号：中华人民共和国国务院令第444号

发布日期：2005年8月23日

生效日期：2005年11月1日

第一章　总则

第一条　为了防止欺诈，保护公民、法人和其他组织的合法权益，维护社会主义市场经济秩序，保持社会稳定，制定本条例。

第二条　本条例所称传销，是指组织者或者经营者发展人员，通过对被发展人员以其直接或者间接发展的人员数量或者销售业绩为依据计算和给付报酬，或者要求被发展人员以交纳一定费用为条件取得加入资格等方式牟取非法利益，扰乱经济秩序，影响社会稳定的行为。

第三条　县级以上地方人民政府应当加强对查处传销工作的领导，支持、督促各有关部门依法履行监督管理职责。

县级以上地方人民政府应当根据需要，建立查处传销工作的协调机制，对查处传销工作中的重大问题及时予以协调、解决。

第四条　工商行政管理部门、公安机关应当依照本条例的规定，在各自的职责范围内查处传销行为。

第五条　工商行政管理部门、公安机关依法查处传销行为，应当坚持教育与处罚相结合的原则，教育公民、法人或者其他组织自觉守法。

第六条　任何单位和个人有权向工商行政管理部门、公安机关举报传销行为。工商行政管理部门、公安机关接到举报后，应当立即调查核实，依法查处，并为举报人保密；经调查属实的，依照国家有关规定对举报人给予奖励。

第二章　传销行为的种类与查处机关

第七条　下列行为，属于传销行为：

（一）组织者或者经营者通过发展人员，要求被发展人员发展其他人员加入，对发展的人员以其直接或者间接滚动发展的人员数量为依据计算和给付报酬（包括物质奖励和其他经济利益，下同），牟取非法利益的；

（二）组织者或者经营者通过发展人员，要求被发展人员交纳费用或者以认购商品等方式变相交纳费用，取得加入或者发展其他人员加入的资格，牟取非法利益的；

（三）组织者或者经营者通过发展人员，要求被发展人员发展其他人员加入，形成上下线关系，并以下线的销售业绩为依据计算和给付上线报

酬，牟取非法利益的。

第八条　工商行政管理部门依照本条例的规定，负责查处本条例第七条规定的传销行为。

第九条　利用互联网等媒体发布含有本条例第七条规定的传销信息的，由工商行政管理部门会同电信等有关部门依照本条例的规定查处。

第十条　在传销中以介绍工作、从事经营活动等名义欺骗他人离开居所地非法聚集并限制其人身自由的，由公安机关会同工商行政管理部门依法查处。

第十一条　商务、教育、民政、财政、劳动保障、电信、税务等有关部门和单位，应当依照各自职责和有关法律、行政法规的规定配合工商行政管理部门、公安机关查处传销行为。

第十二条　农村村民委员会、城市居民委员会等基层组织，应当在当地人民政府指导下，协助有关部门查处传销行为。

第十三条　工商行政管理部门查处传销行为，对涉嫌犯罪的，应当依法移送公安机关立案侦查；公安机关立案侦查传销案件，对经侦查不构成犯罪的，应当依法移交工商行政管理部门查处。

第三章　查处措施和程序

第十四条　县级以上工商行政管理部门对涉嫌传销行为进行查处时，可以采取下列措施：

（一）责令停止相关活动；

（二）向涉嫌传销的组织者、经营者和个人调查、了解有关情况；

（三）进入涉嫌传销的经营场所和培训、集会等活动场所，实施现场检查；

（四）查阅、复制、查封、扣押涉嫌传销的有关合同、票据、账簿等资料；

（五）查封、扣押涉嫌专门用于传销的产品（商品）、工具、设备、原材料等财物；

（六）查封涉嫌传销的经营场所；

（七）查询涉嫌传销的组织者或者经营者的账户及与存款有关的会计凭证、账簿、对账单等；

（八）对有证据证明转移或者隐匿违法资金的，可以申请司法机关予以冻结。

工商行政管理部门采取前款规定的措施，应当向县级以上工商行政管理部门主要负责人书面或者口头报告并经批准。遇有紧急情况需要当场采取前款规定措施的，应当在事后立即报告并补办相关手续；其中，实施前款规定的查封、扣押，以及第（七）项、第（八）项规定的措施，应当事先经县级以上工商行政管理部门主要负责人书面批准。

第十五条 工商行政管理部门对涉嫌传销行为进行查处时，执法人员不得少于2人。执法人员与当事人有直接利害关系的，应当回避。

第十六条 工商行政管理部门的执法人员对涉嫌传销行为进行查处时，应当向当事人或者有关人员出示证件。

第十七条 工商行政管理部门实施查封、扣押，应当向当事人当场交付查封、扣押决定书和查封、扣押财物及资料清单。

在交通不便地区或者不及时实施查封、扣押可能影响案件查处的，可以先行实施查封、扣押，并应当在24小时内补办查封、扣押决定书，送达当事人。

第十八条 工商行政管理部门实施查封、扣押的期限不得超过30

日；案件情况复杂的，经县级以上工商行政管理部门主要负责人批准，可以延长15日。

对被查封、扣押的财物，工商行政管理部门应当妥善保管，不得使用或者损毁；造成损失的，应当承担赔偿责任。但是，因不可抗力造成的损失除外。

第十九条 工商行政管理部门实施查封、扣押，应当及时查清事实，在查封、扣押期间作出处理决定。

对于经调查核实属于传销行为的，应当依法没收被查封、扣押的非法财物；对于经调查核实没有传销行为或者不再需要查封、扣押的，应当在作出处理决定后立即解除查封，退还被扣押的财物。

工商行政管理部门逾期未作出处理决定的，被查封的物品视为解除查封，被扣押的财物应当予以退还。拒不退还的，当事人可以向人民法院提起行政诉讼。

第二十条 工商行政管理部门及其工作人员违反本条例的规定使用或者损毁被查封、扣押的财物，造成当事人经济损失的，应当承担赔偿责任。

第二十一条 工商行政管理部门对涉嫌传销行为进行查处时，当事人有权陈述和申辩。

第二十二条 工商行政管理部门对涉嫌传销行为进行查处时，应当制作现场笔录。

现场笔录和查封、扣押清单由当事人、见证人和执法人员签名或者盖章，当事人不在现场或者当事人、见证人拒绝签名或者盖章的，执法人员应当在现场笔录中予以注明。

第二十三条 对于经查证属于传销行为的，工商行政管理部门、公安机关可以向社会公开发布警示、提示。

向社会公开发布警示、提示应当经县级以上工商行政管理部门主要负责人或者公安机关主要负责人批准。

第四章 法律责任

第二十四条 有本条例第七条规定的行为，组织策划传销的，由工商行政管理部门没收非法财物，没收违法所得，处50万元以上200万元以下的罚款；构成犯罪的，依法追究刑事责任。

有本条例第七条规定的行为，介绍、诱骗、胁迫他人参加传销的，由工商行政管理部门责令停止违法行为，没收非法财物，没收违法所得，处10万元以上50万元以下的罚款；构成犯罪的，依法追究刑事责任。

有本条例第七条规定的行为，参加传销的，由工商行政管理部门责令停止违法行为，可以处2000元以下的罚款。

第二十五条 工商行政管理部门依照本条例第二十四条的规定进行处罚时，可以依照有关法律、行政法规的规定，责令停业整顿或者吊销营业执照。

第二十六条 为本条例第七条规定的传销行为提供经营场所、培训场所、货源、保管、仓储等条件的，由工商行政管理部门责令停止违法行为，没收违法所得，处5万元以上50万元以下的罚款。

为本条例第七条规定的传销行为提供互联网信息服务的，由工商行政管理部门责令停止违法行为，并通知有关部门依照《互联网信息服务管理办法》予以处罚。

第二十七条 当事人擅自动用、调换、转移、损毁被查封、扣押财物的，由工商行政管理部门责令停止违法行为，处被动用、调换、转移、损毁财物价值5%以上20%以下的罚款；拒不改正的，处被动用、调换、转

移、损毁财物价值1倍以上3倍以下的罚款。

第二十八条　有本条例第十条规定的行为或者拒绝、阻碍工商行政管理部门的执法人员依法查处传销行为，构成违反治安管理行为的，由公安机关依照治安管理的法律、行政法规规定处罚；构成犯罪的，依法追究刑事责任。

第二十九条　工商行政管理部门、公安机关及其工作人员滥用职权、玩忽职守、徇私舞弊，未依照本条例规定的职责和程序查处传销行为，或者发现传销行为不予查处，或者支持、包庇、纵容传销行为，构成犯罪的，对直接负责的主管人员和其他直接责任人员，依法追究刑事责任；尚不构成犯罪的，依法给予行政处分。

第五章　附则

第三十条　本条例自2005年11月1日起施行。

《直销企业保证金存缴、使用管理办法》

（商务部令2005年第22号）

第一条　根据《直销管理条例》第三十四条第二款规定，制定本办法。

第二条　企业申请直销应提交其在指定银行开设的保证金专门账户凭证，金额为2000万元人民币。保证金为现金。

第三条　直销企业与指定银行签订的保证金专门账户协议应包括下述内容：

（一）指定银行根据商务部和国家工商行政管理总局（以下简称工商总局）的书面决定支付保证金；

（二）直销企业不得违反《直销管理条例》擅自动用保证金，不得以保证金对外担保或者违反《直销管理条例》规定用于清偿债务；

（三）指定银行应及时向商务部和工商总局通报保证金账户情况，商务部和工商总局可以查询直销企业保证金账户；

（四）直销企业和指定银行的权利义务及争议解决方式。

企业在申请设立时应提交与指定银行签署的开设保证金专门账户协议。

第四条　直销企业开始从事直销经营活动3个月后，保证金金额按月进行调整。直销企业于次月15日前将其上月销售额的有效证明文件向指定银行出具，并通过直销行业管理网站向商务部和工商总局备案。直销企业对出具的证明文件的真实性、完整性负责，指定银行应当对证明文件进行形式审查。

直销企业保证金金额保持在直销企业上月直销产品销售收入的15%水平。账户余额最低为2000万元人民币，最高不超过1亿元人民币。

根据直销企业月销售额，如需调增保证金金额的，直销企业应当在向指定银行递交月销售额证明文件后5日内将款项划转到其指定银行保证金账户；如需调减保证金金额的，按企业与指定银行签订的协议办理。

第五条　出现下列情形之一，商务部和工商总局共同决定，可以使用保证金：

（一）无正当理由，直销企业不向直销员支付报酬，或者不向直销员、消费者支付退货款的；

（二）直销企业发生停业、合并、解散、转让、破产等情况，无力向直销员支付报酬或者无力向直销员和消费者支付退货款的；

（三）因直销产品问题给消费者造成损失，依法应当进行赔偿，直销企

业无正当理由拒绝赔偿或者无力赔偿的。

第六条　直销员或消费者根据《直销管理条例》和本办法第五条规定要求使用保证金的，应当持法院生效判决书或调解书，向省级商务主管部门或工商行政管理部门提出申请，省级商务主管部门或工商行政管理部门接到申请后10个工作日内将申请材料报送商务部和工商总局。

直销员除持法院生效判决书、调解书外，还应出示其身份证、直销员证及其与直销企业签订的推销合同。消费者除持法院生效判决书、调解书外，还应出示其身份证、售货凭证或发票。

商务部和工商总局接到申请材料后60个工作日内做出是否使用保证金支付赔偿的决定，并书面通知指定银行、直销企业和保证金使用申请人。

直销员违反《禁止传销条例》有关规定的，其申请不予受理。

第七条　根据本办法规定支付保证金后，直销企业应当自支付之日起30日内将其保证金专门账户的金额补足到本办法第四条第二款规定的水平。

第八条　直销企业保证金使用情况应当及时通过商务部和工商总局直销行业管理网站向社会披露。

第九条　直销企业不再从事直销活动的，凭商务部和工商总局出具的书面凭证，可以向指定银行取回保证金。

企业申请直销未获批准的，凭商务部出具的书面凭证到指定银行办理保证金退回手续。

第十条　直销企业违反本办法规定的，按照《直销管理条例》第五十一条予以处罚。

第十一条　商务部和工商总局共同负责直销保证金的日常监管工作。

第十二条　本办法由商务部、工商总局负责解释。

第十三条　本办法自2005年12月1日起施行。

《直销企业信息报备、披露管理办法》

发布单位：国家工商行政管理总局、商务部

发布文号：商务部、国家工商行政管理总局令（2005年第24号）

发布日期：2005年11月1日

生效日期：2005年12月1日

第一条　根据《直销管理条例》第二十八条规定，制定本办法。

第二条　直销企业应建立完备的信息报备和披露制度，并接受政府相关部门的监管检查和社会公众的监督。

第三条　商务部和国家工商行政管理总局（以下简称工商总局）直销行业管理网站向社会公布下列内容：

（一）有关法律、法规及规章；

（二）直销产品范围公告；

（三）直销企业名单及其直销产品名录；

（四）直销企业省级分支机构名单及其从事直销的地区、服务网点；

（五）直销企业保证金使用情况；

（六）直销员证、直销培训员证式样；

（七）直销企业、直销培训员及直销员违规及处罚情况；

（八）其他需要公布的信息。

第四条　直销企业通过其建立的中文网站向社会披露信息。直销企业建立的中文网站是直销企业信息报备和披露的重要组成部分，并应在取得直销经营许可证之日起3个月内与直销行业管理网站链接。

第五条　直销企业设立后应真实、准确、及时、完整地向社会公众披

露以下信息：

（一）直销企业直销员总数，各省级分支机构直销员总数、名单、直销员证编号、职业及与直销企业解除推销合同人员名单；

（二）直销企业及其分支机构名称、地址、联系方式及负责人，服务网点名称、地址、联系方式及负责人；

（三）直销产品目录、零售价格、产品质量及标准说明书，以及直销产品的主要成分、适宜人群、使用注意事项等应当让消费者事先知晓的内容。

根据国家相关规定直销产品应符合国家认证、许可或强制性标准的，直销企业应披露其取得相关认证、许可或符合标准的证明文件；

（四）直销员计酬、奖励制度；

（五）直销产品退换货办法、退换货地点及退换货情况；

（六）售后服务部门、职能、投诉电话、投诉处理程序；

（七）直销企业与直销员签订的推销合同中关于直销企业和直销员的权利、义务，直销员解约制度，直销员退换货办法，计酬办法及奖励制度，法律责任及其他相关规定；

（八）直销培训员名单、直销员培训和考试方案；

（九）涉及企业的重大诉讼、仲裁事项及处理情况。

上述内容若有变动，直销企业应在相关内容变动（涉及行政许可的应在获得许可）后1个月内及时更新网站资料。

第六条 直销企业设立后，每月15日前须通过直销行业管理网站向商务部、工商总局报备以下上月内容：

（一）保证金存缴情况。

（二）直销员直销经营收入及纳税明细情况。

1. 直销员按月直销经营收入及纳税金；

2. 直销员直销经营收入金额占直销员本人直接向消费者销售产品收入的比例。

（三）企业每月销售业绩及纳税情况。

（四）直销培训员备案。

（五）其他需要报备的内容。

第七条　直销企业应于每年4月份以企业年报的方式公布本办法第五条所列内容。

第八条　直销企业及直销员所使用的产品说明和任何宣传材料须与直销企业披露的信息内容一致。

第九条　直销企业未按照《直销管理条例》和本办法进行信息披露，或直销企业披露的信息存在虚假、严重误导性陈述或重大遗漏的，按照《直销管理条例》第五十条规定予以处罚。

第十条　本办法由商务部和工商总局负责解释。

第十一条　本办法自2005年12月1日起实施。

《直销行业服务网点设立管理办法》

发布单位：商务部

发布文号：商务部令2006年第20号

发布日期：2006年9月20日

生效日期：2006年10月20日

第一条　为规范直销行为，加强对直销活动的监管，根据《直销管理条例》（以下简称《条例》），制定本办法。

第二条　申请企业提交的申请材料应包含其在拟从事直销地区的服务网点方案。服务网点方案应符合下列条件：

（一）便于满足最终消费者、直销员了解商品性能、价格和退换货等要求；

（二）服务网点不得设在居民住宅、学校、医院、部队、政府机关等场所；

（三）符合当地县级以上（含县级）人民政府关于直销行业服务网点设立的相关要求。

第三条　商务部以市/县为批准从事直销活动的基本区域单位。对于设区的市，申报企业应在该市的每个城区设立不少于一个服务网点，在该市其他区/县开展直销活动应按本办法申报。

县级以上（含县级）商务主管部门应当根据《条例》第十条第二款对申请企业提交的服务网点方案进行审查。经审查同意的，应当向省级商务主管部门出具该服务网点方案符合本办法第二条相关规定的书面认可函（标准格式见附件一）。

第四条　省级商务主管部门向商务部转报企业申请材料时，应当同时出具对服务网点方案的确认函（标准格式见附件二）。确认函应当包含下列内容：

（一）企业服务网点方案经所在地区/县级以上（含县级）商务主管部门认可；

（二）该企业在本省拟从事直销业务区域内的服务网点方案符合《条例》第十条第二款规定的条件。

第五条　依法取得直销经营许可证的企业应当于批准文件下发之日起6个月内按其上报并经商务部核准的服务网点方案完成服务网点的设立。6个月内未能按商务部核准的服务网点方案完成服务网点设立的企业，不得在未完成服务网点方案的地区从事直销业务，该企业若要在上述地区开展直销业务，应按《条例》规定另行申报。

第六条 有关省、自治区、直辖市商务主管部门应会同服务网点所在地的区/县级以上（含县级）商务主管部门，根据《条例》及有关规定对直销企业在该省、自治区、直辖市内已设立的服务网点进行核查，并将全省、自治区、直辖市核查结果一次性报商务部备案。商务部备案后通过直销行业管理网站公布直销企业可从事直销业务的地区及服务网点。直销企业不得在未完成核查和备案前开展直销活动。

第七条 直销企业可根据业务发展需要增加服务网点，在已批准从事直销的地区增加服务网点不需要报批，但应当将增设方案通过省级商务主管部门报商务部备案。商务部备案后通过直销行业管理网站公布直销企业在已批准从事直销的地区增加的服务网点。

地方商务主管部门可根据《条例》第十条第二款要求直销企业在本地区增加服务网点，但应说明理由。

直销企业调整服务网点方案，减少服务网点应报原审批部门批准，并按规定备案。

第八条 违反本办法规定的，按照《条例》第三十九条规定予以处罚。

第九条 相关商务主管部门及其工作人员必须依法履行职责，进行服务网点设立管理工作，违反《条例》及本办法规定的，按照《条例》第三十八条规定予以处罚。

第十条 本办法由商务部负责解释。

第十一条 本办法自2006年10月20日起实施。

附件一：关于XX（申请直销企业名称）服务网点认可函

XX省/直辖市/自治区商务主管部门名称：

经研究，XX（申报直销企业名称）在本县/市/区设立的服务网点方案可便于并满足本县/市/区消费者、直销员了解XX（申报直销企业名称）产品性能、价格和退换货的要求，且服务网点未设在居民住宅、学校、医院、部队、政府机关等场所。

附：XX（申报直销企业名称）申报的服务网点方案

县/市/区商务主管部门（盖章）
年　月　日

附件二：关于XX（申请直销企业名称）服务网点确认函

商务部：

一、XX（申报直销企业名称）拟在我省/直辖市/自治区从事直销业务，业务范围涉及YY、YY……（县/市/区地区名称），并已向上述县/市/区上报了服务网点方案。

二、XX（申报直销企业名称）上报的服务网点方案已分别经上述县/市/区商务主管部门认可，并出具了认可函。

三、XX（申报直销企业名称）在我省（直辖市/自治区）拟从事直销业务区域的服务网点方案符合《直销管理条例》第十条第二款规定的条件。

四、本确认函已得到我省（直辖市/自治区）商务（厅/委/局）主管领导的审定。

《关于外商投资直销企业登记管理有关问题的指导意见》

发布单位：国家工商总局外资局

发布文号：外企指字〔2007〕25号

发布日期：2007年6月11日

生效日期：2007年6月11日

各省、自治区、直辖市及计划单列市工商行政管理局：

为了加强直销企业的登记管理，规范直销企业组织行为，维护直销市场秩序，保障直销行业健康发展，根据《直销管理条例》《公司登记管理条例》《企业法人登记管理条例》和其他登记管理法律、法规及有关直销行业专项规定，经商商务部外资司，现对外商投资直销企业（以下简称直销企业）登记管理有关问题提出如下意见：

一、各级工商行政管理外资登记管理机关根据《直销管理条例》《公司登记管理条例》《企业法人登记管理条例》和其他登记管理法律、法规及有关直销行业专项规定依法登记并监督管理直销企业、直销企业的省级分支机构及直销企业设立的从事直销业务之外经营活动的其他分支机构。

二、经国务院商务主管部门批准获得直销经营许可证的企业应当向公司的原登记机关申请办理变更登记。

三、直销企业持商务部门颁发的直销经营许可证及有关批复文件向工商行政管理部门申请办理变更登记时，除依法提交有关文件外，还应当同时提供在拟从事直销活动的省、自治区、直辖市、计划单列市设立负责该行政区域内直销业务的分公司（以下简称省级分公司）名单和服务网点设立方案。

四、直销企业经营范围中直销经营项目，应当载明直销地域和直销产品范围，文字表述方式为"在经批准的区域内（具体见《直销经营许可证》或政府直销行业管理网站）招募、培训直销员，直销本企业生产产品以及其母公司、控股公司生产产品"（具体产品种类限于《直销经营许可证》或政府直销行业管理网站公布的产品目录）。兼营其他经营活动的，按国民经济行业表述用语依法核定。

五、直销企业依法被吊销、撤销直销经营许可证，应当自吊销、撤销直销经营许可证之日起30日内向公司登记机关申请变更或者注销登记。

六、直销企业设立省级分公司，经审批后向分公司所在地省、自治区、直辖市工商行政管理部门申请办理设立登记。

七、直销企业申请设立从事直销业务的省级分公司时，除依法提交有关文件外，还应同时提供拟在该分公司所在行政区域内设立服务网点的方案。

八、直销企业从事直销业务的省级分公司名称统一按直销公司名称+所在省（自治区、直辖市）名称+分公司核定。

九、直销企业从事直销业务的省级分公司经营范围不得超出直销企业的经营范围，其直销经营项目文字表述方式为"在经批准的本省（自治区、直辖市）区域内（具体见《直销经营许可证》或政府直销行业管理网站）招募直销员，直销本企业生产产品以及其母公司、控股公司生产产品（具体产品种类限于《直销经营许可证》或政府直销行业管理网站公布的产品目录）"；兼营其他经营活动的，按国民经济行业表述用语依法核定。

十、直销企业在其从事直销活动的区域内设立《直销管理条例》所规定的服务网点，开展产品价格展示、介绍、退换货及仅为直销员销售需要而提供储货、发货等其他服务的，由直销企业按照《直销管理条例》《直销行业服务网点设立管理办法》及其他相关规定依法设立，此类功能单一的服务网点不需要工商登记。从事直销业务之外其他经营活动的营业性分支机构可以兼作服务网点。

十一、直销企业设立从事直销业务之外其他经营活动的分公司，无须提交商务主管部门的批准文件，按照《公司登记管理条例》直接向分公司所在地有外商投资企业核准登记权的工商行政管理局申请办理登记。

十二、直销企业申请在分公司下设从事直销业务之外其他经营活动的营业性分支机构，无须提交商务主管部门的批准文件，由直销企业或经其授权的分公司直接向营业性分支机构所在地有外商投资企业核准登记权的工商行政管理局外资登记机关申请工商登记。

十三、直销企业在分公司下从事直销业务之外其他经营活动的营业性分支机构，其名称统一按分公司名称+营业场所所在地名+营业部核定。

十四、直销企业从事直销业务之外其他经营活动的分公司或分公司下设营业性分支机构，其经营范围按照国民经济行业表述用语依法核定。法律、行政法规或国务院决定规定在登记前须经批准的，还应当提交有关批准文件。

十五、对企业未经批准从事直销活动的，应按照《直销管理条例》的有关规定处罚；对直销企业其他违反《公司登记管理条例》《企业法人登记管理条例》的行为，应按照《公司登记管理条例》《企业法人登记管理条例》的有关规定处罚。

十六、各级工商行政外资登记管理机关应按照本意见要求，规范直销企业登记，加强对直销企业及其分支机构的监督管理，充分利用经济户口管理、企业信用分类监管、企业登记资料公示等有效措施，提高监管效率，切实维护直销市场秩序，促进直销行业健康发展。对于执行中发现的

新问题，请及时上报我局。

国家工商行政管理总局外资局

二〇〇七年六月十一日

《国家税务总局关于直销企业增值税销售额
确定有关问题的公告》

（国家税务总局公告2013年第5号）

根据《中华人民共和国增值税暂行条例》及其实施细则规定，现将直销企业采取直销方式销售货物增值税销售额确定有关问题公告如下：

一、直销企业先将货物销售给直销员，直销员再将货物销售给消费者的，直销企业的销售额为其向直销员收取的全部价款和价外费用。直销员将货物销售给消费者时，应按照现行规定缴纳增值税。

二、直销企业通过直销员向消费者销售货物，直接向消费者收取货款，直销企业的销售额为其向消费者收取的全部价款和价外费用。

本公告自2013年3月1日起施行。此前已发生但尚未处理的事项可按本公告规定执行。

特此公告。

国家税务总局

2013年1月17日

关于《直销企业增值税销售额确定有关问题的公告》的解读
（2013年1月28日国家税务总局办公厅）

根据国务院2005年颁布的《直销管理条例》，经国务院商务主管部门批准设立的直销企业，可以按照有关规定招募直销员，由直销员在固定营业场所之外直接向最终消费者推销产品。据了解，直销企业的经营模式主要有两种：一是直销员按照批发价向直销企业购买货物，再按照零售价向消费者销售货物。二是直销员仅起到中介介绍作用，直销企业按照零售价向直销员介绍的消费者销售货物，并另外向直销员支付报酬。

我们认为，第一种直销模式下，货物的所有权已经由直销企业转移给了直销员，符合现行增值税关于销售货物的规定，直销企业的销售额应按照其向直销员收取的价款确定；第二种模式下，直销员仅相当于推销员，在直销企业和消费者之间起到中介介绍作用，直销企业和直销员之间并未发生货物所有权的有偿转移，直销企业应以向消费者收取的货款确认销售额。

基于以上考虑，我们起草了《国家税务总局关于直销企业增值税销售额确定有关问题的公告》。

《最高人民法院、最高人民检察院、公安部关于办理组织领导传销活动刑事案件适用法律若干问题的意见》

各省、自治区、直辖市高级人民法院，人民检察院，公安厅、局，解放军军事法院、军事检察院，新疆维吾尔自治区高级人民法院生产建设兵团分院，新疆生产建设兵团人民检察院、公安局：

为解决近年来公安机关、人民检察院、人民法院在办理组织、领导传销活动刑事案件中遇到的问题，依法惩治组织、领导传销活动犯罪，根据刑法、刑事诉讼法的规定，结合司法实践，现就办理组织、领导传销活动刑事案件适用法律问题提出以下意见：

一、关于传销组织层级及人数的认定问题

以推销商品、提供服务等经营活动为名，要求参加者以缴纳费用或者购买商品、服务等方式获得加入资格，并按照一定顺序组成层级，直接或者间接以发展人员的数量作为计酬或者返利依据，引诱、胁迫参加者继续发展他人参加，骗取财物，扰乱经济社会秩序的传销组织，其组织内部参与传销活动人员在三十人以上且层级在三级以上的，应当对组织者、领导者追究刑事责任。

组织、领导多个传销组织，单个或者多个组织中的层级已达三级以上的，可将在各个组织中发展的人数合并计算。

组织者、领导者形式上脱离原传销组织后，继续从原传销组织获取报酬或者返利的，原传销组织在其脱离后发展人员的层级数和人数，应当计算为其发展的层级数和人数。

办理组织、领导传销活动刑事案件中，确因客观条件的限制无法逐一收集参与传销活动人员的言词证据的，可以结合依法收集并查证属实的缴纳、支付费用及计酬、返利记录，视听资料，传销人员关系图，银行账户交易记录，互联网电子数据，鉴定意见等证据，综合认定参与传销的人数、层级数等犯罪事实。

二、关于传销活动有关人员的认定和处理问题

下列人员可以认定为传销活动的组织者、领导者：

（一）在传销活动中起发起、策划、操纵作用的人员；

（二）在传销活动中承担管理、协调等职责的人员；

（三）在传销活动中承担宣传、培训等职责的人员；

（四）曾因组织、领导传销活动受过刑事处罚，或者一年以内因组织、领导传销活动受过行政处罚，又直接或者间接发展参与传销活动人员在十五人以上且层级在三级以上的人员；

（五）其他对传销活动的实施、传销组织的建立、扩大等起关键作用的人员；

以单位名义实施组织、领导传销活动犯罪的，对于受单位指派，仅从事劳务性工作的人员，一般不予追究刑事责任。

三、关于"骗取财物"的认定问题

传销活动的组织者、领导者采取编造、歪曲国家政策，虚构、夸大经营、投资、服务项目及盈利前景，掩饰计酬、返利真实来源或者其他欺诈手段，实施刑法第二百二十四条之一规定的行为，从参与传销活动人员缴纳的费用或者购买商品、服务的费用中非法获利的，应当认定为骗取财物。参与传销活动人员是否认为被骗，不影响骗取财物的认定。

四、关于"情节严重"的认定问题

对符合本意见第一条第一款规定的传销组织的组织者、领导者，具有下列情形之一的，应当认定为刑法第二百二十四条之一规定的"情节严重"：

（一）组织、领导的参与传销活动人员累计达一百二十人以上的；

（二）直接或者间接收取参与传销活动人员缴纳的传销资金数额累计达二百五十万元以上的；

（三）曾因组织、领导传销活动受过刑事处罚，或者一年以内因组织、领导传销活动受过行政处罚，又直接或者间接发展参与传销活动人员累计达六十人以上的；

（四）造成参与传销活动人员精神失常、自杀等严重后果的；

（五）造成其他严重后果或者恶劣社会影响的。

五、关于"团队计酬"行为的处理问题

传销活动的组织者或者领导者通过发展人员，要求传销活动的被发展人员发展其他人员加入，形成上下线关系，并以下线的销售业绩为依据计算和给付上线报酬，牟取非法利益的，是"团队计酬"式传销活动。

以销售商品为目的、以销售业绩为计酬依据的单纯的"团队计酬"式传销活动，不作为犯罪处理。形式上采取"团队计酬"方式，但实质上属于"以发展人员的数量作为计酬或者返利依据"的传销活动，应当依照刑法第二百二十四条之一的规定，以组织、领导传销活动罪定罪处罚。

六、关于罪名的适用问题

以非法占有为目的，组织、领导传销活动，同时构成组织、领导传销活动罪和集资诈骗罪的，依照处罚较重的规定定罪处罚。

犯组织、领导传销活动罪，并实施故意伤害、非法拘禁、敲诈勒索、妨害公务、聚众扰乱社会秩序、聚众冲击国家机关、聚众扰乱公共场所秩序、交通秩序等行为，构成犯罪的，依照数罪并罚的规定处罚。

七、其他问题

本意见所称"以上""以内"，包括本数。

本意见所称"层级"和"级"，系指组织者、领导者与参与传销活动人员之间的上下线关系层次，而非组织者、领导者在传销组织中的身份等级。

对传销组织内部人数和层级数的计算，以及对组织者、领导者直接或者间接发展参与传销活动人员人数和层级数的计算，包括组织者、领导者

本人及其本层级在内。

> 最高人民法院
> 最高人民检察院
> 公安部
> 2013年11月14日

商务部《关于调整直销产品范围的通知》

发布单位：商务部　工商行政管理总局

发布文号：公告2016年第7号

发布日期：2016年3月17日

生效日期：2016年3月17日

根据《直销管理条例》第二条规定，商务部、国家工商行政管理总局对直销产品范围进行了调整，现将调整后的直销产品范围公布如下：

一、化妆品

二、保洁用品（个人卫生用品及生活用清洁用品）

三、保健食品

四、保健器材

五、小型厨具

六、家用电器

直销产品应当根据法律法规规定，符合行政许可、强制性认证、强制性标准要求。

商务部和国家工商行政管理总局将根据直销业发展状况和消费者的需求适时调整直销产品的范围。本公告自公布之日施行，商务部、国家工商

行政管理总局2005年第72号公告同时废止。

商务部　工商行政管理总局

2016年3月17日

《工商行政管理总局等27部门关于开展放心消费创建活动营造安全放心消费环境的指导意见》

（工商消字〔2017〕252号）

近年来，各地大力开展形式多样的放心消费创建活动，着力优化消费环境，为保护消费者合法权益，促进经济社会发展，维护社会和谐稳定发挥了积极作用。为了全面贯彻落实党的十九大精神，进一步推进放心消费创建工作，根据《消费者权益保护法》等法律法规以及《国务院关于印发"十三五"市场监管规划的通知》（国发〔2017〕6号）等文件精神，现就开展放心消费创建工作提出如下意见。

一、总体要求

（一）指导思想。全面贯彻党的十九大精神，以习近平新时代中国特色社会主义思想为指导，认真落实党中央、国务院决策部署，坚持以人民为中心，牢固树立和贯彻落实创新、协调、绿色、开放、共享的发展理念，以推进供给侧结构性改革为主线，积极完善促进消费的体制机制，大力开展放心消费创建工作，落实经营者主体责任，推动消费维权社会共治，营造安全放心的消费环境，保护消费者和经营者合法权益，不断释放人民群众日益增长的消费需求，更好地满足人民群众对美好生活的期待，增强消费对经济发展的基础性作用，让人民群众有更多的获得感。

（二）基本原则。坚持问题导向。以与消费者日常生活密切相关的或者消费者投诉举报相对集中的行业和领域为重点，扎实推进消费维权工作。依托互联网、大数据技术等手段对消费者诉求数据进行专业化处理，动态分析消费者诉求热点，确定放心消费创建的重点。

强化经营者责任。经营者是消费维权第一责任人。切实落实经营者消费维权主体责任，督促经营者诚信守法经营。建立健全守信激励和失信惩戒机制，引导经营者积极主动参与放心消费创建工作。

推进社会共治。注重发挥市场对资源配置的决定性作用，更好地发挥各地政府在消费维权工作中的组织、引导、推动作用。充分发挥法律法规的规范作用、职能部门的监管作用、行业组织的自律作用、消费者协会（委员会）和社会公众、媒体的监督作用，实现社会共同治理。

加强协同联动。加强相关职能部门在消费维权工作上的配合，强化部门联动、上下协同。建立健全消费维权工作信息共享、协同配合、联动响应的协作机制，形成消费维权的合力。

（三）主要目标。到2020年，通过开展放心消费创建活动，努力营造安全放心的消费环境，达到如下目标：

——放心消费示范单位覆盖全国。各地区、各部门推动每年在消费相对集中的行业培育发展放心消费示范单位，逐渐覆盖全国消费较为集中的主要行业和领域、重点经营场所。各省（自治区、直辖市）均建立消费者权益保护部门协作机制，鼓励各市、县建立消费者权益保护部门协作机制。

——经营者诚信守法意识普遍提高。有效强化经营者主体责任，经营者诚信守法意识普遍增强。经营者认真落实消费维权各项制度，主动维护消费者权益，及时将消费纠纷化解在源头、解决在经营者。

——消费品和服务质量明显提升。产品质量突出问题得到有效治理，

产品质量保障体系进一步完善。服务业提质增效进一步加快。流通领域商品质量进一步提升。

——消费纠纷解决渠道进一步畅通。构建更加便捷的消费者诉求表达、权益维护和矛盾化解渠道，建设覆盖城乡的消费维权服务站点，及时受理和处理消费者诉求。消费纠纷处理率、消费纠纷处理成功率、消费者对处理结果的满意率逐年提高。

——消费领域重点突出问题得到有效解决。消费环境进一步改善，消费安全重大事件以及区域性系统性消费风险大幅降低。对社会普遍关切和消费者反映集中的系统性、行业性消费侵权现象实现有效治理和规范，应对处置群体性、突发性消费事件能力不断提升。

二、全面提升消费品和服务质量

（四）扎实开展质量提升行动。以提高发展质量和效益为中心，将质量强国战略放在更加突出的位置，开展质量提升行动，全面加强质量监管，持续提高产品、服务的质量水平、质量层次和品牌影响力，促进质量发展成果全民共享，增强人民群众的质量获得感。

（五）进一步提升生产领域产品质量。加强生产加工环节产品质量监管，严格生产者质量主体责任，完善质量诚信体系。开展质量问题产品专项整治和区域集中整治，严厉查处质量违法行为。健全质量违法行为记录及公布制度，加大行政处罚等政府信息公开力度。严格落实汽车等产品的修理更换退货责任规定，探索建立第三方质量担保争议处理机制。加大缺陷产品召回力度，建立缺陷产品召回管理信息共享和部门协作机制。

（六）进一步提升流通领域商品质量。引导经营者落实进货检查验收、进（销）货台账、商品质量承诺、不合格商品退市、问题商品退换货、经营者首问和赔偿先付、消费纠纷和解等制度。鼓励网络交易平台、大型连锁企业等经营者作出高于法律规定的保护消费者权益的承诺。进一步规范电商等新消费领域经营行为，打击利用互联网制假售假等侵害消费者权益的行为。加强对老年、婴幼儿等重点人群的消费维权工作，切实做好老年用品、婴幼儿用品的商品质量监管。加强农村日常消费品质量监督检查，提高城乡消费维权均等化水平。

（七）进一步提升服务领域质量。实施服务质量监测基础建设工程，全面提升服务质量。针对我国消费结构正在发生深刻变化，消费升级加快的特点，引导网络交易、网络教育、校外教育、留学中介、托幼、健康、养老、旅游、职业技能培训、文化艺术培训、体育健身、保安服务、家政服务、社区照料服务、病患陪护服务、创意设计、演出、娱乐、上网服务、艺术品经营、网络文化、数字内容等服务消费领域经营者诚信经营，有效规范服务行业市场秩序。以消费者反映问题较为突出的服务领域为重点开展专项行动，通过质量监测、行政约谈、消费调查、公开点评、社会曝光、行业规范等一系列措施，逐步破除侵害消费者权益的明规则、潜规则。

三、完善消费者权益保护机制

（八）建立责任清晰的主体责任机制。经营者是消费维权第一责任人。建立"谁生产谁负责、谁销售谁负责、谁提供服务谁负责"的责任制。引导鼓励经营者建立产品质量追溯和服务责任追溯机制。实行经营者产品（商品）和服务标准自我声明公开和监督制度，严格落实经营者"三包"制度和缺陷产品召回制度，引导企业落实《服务质量信息公开规范》《服务质量评价工作通用指南》，探索服务质量信息公开清单制度。强化网络交易平台的责任，全面推行消费环节经营者首问和赔偿先付制度。建设快速解决

消费纠纷的绿色通道，降低消费者维权成本。实现经营者诚信守法、自主经营、公平竞争，最大限度地激发市场主体创新创造活力。

（九）建立自我管理的行业自律机制。发挥行业组织自我管理、自我规范、自我净化的作用。推动行业协会商会建立健全行业经营自律规范、自律公约和职业道德准则，规范会员行为。鼓励行业协会商会制定发布产品和服务标准，参与制定国家标准、行业规划和政策法规。对被投诉举报较多的经营者，发挥行业组织的作用，监督其纠正和改进。加强行业协会商会自身建设，增强参与市场监管和消费维权工作的能力。支持有关行业组织发挥专业性强的优势，进行专业调解。

（十）建立多方参与的社会监督机制。加强消费教育引导工作，提高消费者维权意识和能力，引导消费者理性、依法维权。充分发挥各级消费者协会（委员会）在维护消费者权益方面的作用，通过开展消费者评议等方式，督促经营者守法经营。推动落实消费民事公益诉讼，实现从主要维护消费者个体利益向更多维护整体利益转变。积极通过人民调解、行业调解、律师调解等方式处理消费纠纷，依法为符合条件的消费者提供法律援助。发挥新闻媒体的舆论监督作用，宣传诚信经营的正面典型，曝光违法经营的不良商家和不法行为。

（十一）建立高效便捷的政府监管机制。进一步畅通消费者诉求表达、矛盾化解和权益维护渠道，各部门根据法律法规的规定，在各自的职责范围内及时受理和依法处理消费者诉求。依托"互联网+"，逐步实现对消费纠纷的网上接收、网上调解、网上跟踪督办，推动跨区域、跨境消费纠纷的在线解决。深化"双随机、一公开"监管，依法查处制售假冒伪劣商品、虚假广告、虚假宣传、价格欺诈等各类侵害消费者合法权益的行为。加快各部门、各行业之间消费维权信息共享，建立健全社会信用约束和联合惩戒机制，推动落实黑名单、经营异常名录、警示等管理制度，实现"一处违法、处处受限"。

四、加强重点行业和领域放心消费创建工作

（十二）开展电子商务和电视购物领域放心消费创建工作。在电子商务和电视购物领域深入开展放心消费创建活动，将放心消费创建从线下向线上延伸，积极培育和创建一批电子商务和电视购物领域放心消费创建示范单位。指导电商企业和电视购物经营者自觉履行经营者首问和赔偿先付制度，落实七日无理由退货规定，支持、督促电商平台与电视购物平台切实做好平台准入和退出、质量管控、售后服务、优质网店培育、消费者个人信息保护等工作，促进电子商务和电视购物行业健康发展。

（十三）开展旅游行业放心消费创建工作。以旅游景区、旅行社、旅游宾馆等场所和经营单位为主体，积极在旅游等行业开展创建工作，培育一批放心消费示范景区、示范旅行社、示范酒店。完善旅游市场随机抽查、旅游行业相关经营者信用信息公示制度，解决扰乱旅游市场秩序、侵害消费者权益等问题，营造放心舒心的旅游消费环境。

（十四）开展食品药品行业放心消费创建工作。完善食品药品安全监管制度和法规建设，强化食品经营者诚信管理体系建设。加大食品生产源头监管执法力度，严厉查处食品、保健食品非法添加、非法声称、欺诈和虚假宣传等行为，实现从"田间"到"餐桌"的全流程监管。继续推动食品安全标准与国际标准对接。深入推进食品安全示范店和餐饮放心消费品牌创建。

（十五）开展信息消费行业放心消费创建工作。扩大和升级信息消费，在生活类、公共服务类、行业类、新型信息产品等重点领域加快优化发展

环境。加强对电信、互联网等信息通信服务的监管，强化对电信和互联网用户个人信息保护，提升服务质量。规范电信收费行为并组织监督检查，及时处理消费者有关电信服务的投（申）诉，维护消费者合法权益。

（十六）开展交通行业放心消费创建工作。引导公路、铁路、水路、民航等交通行业经营者及时处理消费者有关交通运输服务质量的投诉，维护消费者合法权益和运输秩序；依法规范网络预约出租汽车经营服务行为，督促网约车平台公司公开派单算法和动态加价机制；加强对车辆维修行业的监督管理，推动建立全国汽车维修电子健康档案系统，透明、净化维修市场环境，完善机动车维修服务领域的监管规范和有关标准；加强对机动车驾驶员培训机构的监督管理工作。

（十七）开展金融行业放心消费创建工作。推动银行、证券、保险等相关金融机构开展放心消费创建工作，突出抓好金融消费与服务行为的规范与整治，建立完善维权保障体系和常态化监管机制。改善金融服务，维护金融消费者个人信息安全，保护金融消费者合法权益。强化对农村金融消费者权益保护，为城乡居民提供安全、便利、放心的金融消费环境。加大金融消费者宣教力度，推动金融机构准确充分披露金融产品风险特征，鼓励自主开展金融知识宣教活动，促进金融知识宣教常态化。

（十八）开展价格领域放心消费创建工作。持续推进价格诚信单位、诚信街区创建活动，完善明码标价和收费公示制度，着力推行"明码实价"。完善经营者价格诚信制度，督促经营者强化价格自律，规范价格行为。强化价格执法检查与反垄断执法，依法查处价格欺诈、价格垄断等违法行为，规范市场价格秩序。

（十九）开展公共服务行业放心消费创建工作。着力加强对供气、供水、供电等公共服务业放心消费创建活动的组织引导，强化综合监管和行业规范相结合。开展公共服务质量监测和结果通报，引导提升公共服务质量水平。会同消费者协会（委员会）定期开展公共服务业消费维权调查，并及时公布结果，为消费者提供安全放心的公共服务行业消费环境。

（二十）开展快递物流行业放心消费创建工作。加强对快递市场监督管理，及时处理严重损害快递行业消费者权益的案件，保护消费者合法权益。充分发挥快递企业总部对各营业网点的监管作用，及时纠正营业网点的不规范行为。以全国大型快递企业为重点，培育一批放心消费示范快递企业。

（二十一）开展文化行业放心消费创建工作。深入推进上网服务业和文化娱乐业转型升级，全面开展场所环境服务分级评定。深入实施阳光娱乐行动计划，扩大"夕阳红"项目覆盖范围，鼓励娱乐场所为中老年人提供优惠服务。针对营业性演出、艺术品、网络文化市场消费者反映较多的问题，及时出台管理措施，保护消费者合法权益。健全文化市场信用管理制度，加强日常监管和举报投诉处理，培育和规范新型文化业态，为消费者营造规范有序的文化市场消费环境。

（二十二）开展教育培训行业放心消费创建工作。加强对学前教育、自考助学及其他非学历教育机构的监管，督促培训机构经营者诚信经营。加强对虚假宣传、虚假广告等违法行为的打击力度，有效解决培训领域侵害消费者权益等问题。

（二十三）开展美容美发、运动健身等行业放心消费创建工作。着力强化对消费者投诉相对集中的美容美发、运动健身等行业的监督管理，引导相关经营者诚信经营，提高预付卡管理的科学性、有效性。

五、工作要求

（二十四）加强地方落实。各地要高度重视消费维权工作，将其作为保

障和改善民生的重要内容，加强领导、统一部署、协调推进。各省（区、市）要制订消费维权工作的具体实施方案，细化政策措施，将放心消费创建活动纳入当地经济社会发展总体规划，确保工作责任到位、措施到位、保障到位、落实到位。严格落实地方党委政府对消费维权工作的责任，对有关党政领导干部在市场监管和消费维权工作中的失职渎职行为，严肃问责。国家工商行政管理总局会同有关部门要密切跟踪和督导评价地方消费维权工作情况，及时总结经验、发现问题，确保每项工作按要求、分步骤稳步推进。

（二十五）加强部门协作。有关部门要加强对本系统开展放心消费创建工作的部署，围绕本系统消费维权工作的重点领域和关键环节，制定具体的实施办法。加大部门联合执法力度，对重大典型案件挂牌督办、限时办结，对涉嫌犯罪的案件及时移送司法机关处理。依法查办一批侵害消费者权益的大案要案，公布一批典型案例，提升监管执法威慑力。充分发挥消费者权益保护工作协作机制作用，共同研究解决消费维权工作中的突出问题，形成齐抓共管、共创共建的良好工作格局。

（二十六）加强宣传考核。各地区、各部门要加强对放心消费创建工作的宣传引导，推广先进典型，传播正能量，形成全社会关心、支持消费维权工作的良好氛围。要落实"谁执法谁普法"普法责任制，加大普法力度，广泛宣传消费维权法律法规和政策，有效提高消费者维权意识和经营者诚信守法意识。要加强对本地区、本部门放心消费创建工作的检查指导，加大考核力度，量化考核标准，切实把创建工作抓出成效。

各地区、各部门要认真落实本意见精神，结合实际研究制订实施方案，抓紧出台开展放心消费创建工作的具体措施，明确责任分工和时间进度要求，确保各项工作举措和要求落实到位。

工商行政管理总局 发展改革委 教育部 工业和信息化部 公安部 司法部 财政部 人力资源和社会保障部 住房和城乡建设部 交通运输部 商务部 文化部 卫生计生委 人民银行 质检总局 新闻出版广电总局 食品药品监管总局 旅游局 法制办 网信办 银监会 证监会 保监会 铁路局 民航局 邮政局 中消协

《国家市场监督管理总局关于进一步加强打击传销工作的意见》
（国市监竞争〔2018〕7号）

各省、自治区、直辖市及计划单列市、副省级市工商行政管理局、市场监督管理部门：

为贯彻落实近期党中央国务院重要会议、全国"两会"和中央领导同志有关指示精神，根据全国工商和市场监管工作会议关于打击传销工作部署，现就进一步做好有关工作提出如下意见：

一、提高思想认识，高度重视打击传销工作

近期，中央经济工作会议和政府工作报告提出要加强整治传销这一突出问题，以维护国家安全和公共安全，同时兜牢民生底线，不断提升人民群众的获得感、幸福感、安全感。全国工商和市场监管工作会议也对今后打击传销工作作出了具体工作部署。各级工商和市场监管部门要充分认识到，当前打击传销工作形势依然十分严峻，网络传销违法犯罪活动蔓延态势迅猛，亟须采取更有力措施加以整治，异地聚集式传销活动虽总体可控，但在一些重点地区仍较为突出。要提高思想认识，坚决贯彻落实党中央、国务院的决策，按照全国工商和市场监管工作会议对打击传销工作的

部署，全国公安、工商机关网络传销违法犯罪活动联合整治部署会议提出的具体要求，迅速组织开展网络传销集中整治和重点地区整治，牢固树立不发生系统性风险的底线思维，全力推动打击传销工作再上新台阶。

二、全面落实打击整治网络传销"四步工作法"

"线上监测、线下实证、多措处置、稳妥善后"的打击整治网络传销"四步工作法"，是对近年来全系统开展监测查处网络传销工作经验的总结提炼，是今后一段时期内打击整治网络传销工作的重要行动指引。各级工商和市场监管部门要加强研究，准确领会，在打击整治网络传销工作中全面落实"四步工作法"要求，并在实践中进一步丰富完善。

线上监测，是指运用互联网技术监测发现网络传销案源线索。重庆、浙江、泉州、深圳等总局网络传销监测点单位要不断丰富数据归集渠道，完善监测模型，完善风险指数，监测发现网络涉传行为及信息，准确研判；各地工商和市场监管部门要不断完善传销监测预警平台，依托系统内网监、互联网广告监测等职能，嵌入网络传销监测功能模块，借助互联网公司技术优势，增强网络传销监测发现能力。

线下实证，是指案源线索及监测成果的查证和运用。各地工商和市场监管部门接到上级单位转办、外地移送的案源线索后，要建立台账，迅速开展线下实证工作，并及时向总局竞争执法局汇报实证结果。线下实证的主要方法有：一是与公安、金融等部门进行信息比对；二是与银监部门合作，查询对公账户及参与人员账户，分析资金交易流水；三是与12315投诉举报信息、政府公开信息、工商和市场监管部门日常监管档案信息等进行比对实证；四是收集分公司、关联公司注册登记情况；五是进行实地检查，实施现场查证等。

多措处置，是指根据线下实证结果，区分情形分类进行处置。一是对有苗头尚未实施传销行为或违法情节和社会危害程度较轻的，要灵活运用提醒、约谈、告诫、行政查处、发布风险预警提示等多种干预措施，配合运用企业登记注册、商标注册、广告监管等围栏手段，努力消灭传销苗头隐患，避免做大成势；二是对违法情节和社会危害程度较大，但未达到刑事追诉标准的，要加强行政查处；三是对违法情节和社会危害程度严重，达到刑事追诉标准或涉嫌刑事犯罪的，要及时果断移送公安机关，协同打击。

稳妥善后，是指在查处传销案件过程中，特别是对公安机关采取刑事措施打击的重大传销犯罪案件，各地工商和市场监管部门要积极配合公安机关做好教育遣返、维稳等后续处置工作。要加强舆情信息收集，密切关注涉稳动态，突出属地维稳责任，在党委政府领导下会同相关部门开展善后工作，严防出现大规模群体性事件。

三、广泛开展无传销创建工作

开展创建"无传销社区（村）"活动已有十余年，实践证明，这是打击整治聚集式传销行之有效的方法。基层社区、村镇是打击聚集式传销的第一线，是无传销创建的基本单元，各地工商和市场监管部门要持续开展"无传销社区（村）"创建活动，继续调动基层组织的积极性，群防群控，齐抓共管，全力挤压传销活动生存空间。

在做好"无传销社区（村）"创建的同时，今年各级工商和市场监管部门要大张旗鼓开展"无传销网络平台"创建工作，作为探索应对网络传销泛滥蔓延的一项重要举措。通过对网络传销传播的重要载体——互联网平台实施积极引导和监管，压实互联网平台企业责任，减少网络传销信息源，切断网络传销传播扩散渠道，深度净化网络空间，营造风清气正网络环境。

"无传销网络平台"创建工作以深圳网络传销监测治理基地与腾讯微信平台监测合作为起点。总局竞争执法局及各网络传销监测点单位、监测治理基地负责全国性有重大影响力的互联网平台，各省级工商和市场监管部门负责本辖区各类互联网平台，按照平台功能甄别分类，加强监管，强化平台对信息内容的自我审查职责，引导其开展行业自律，自觉履行社会责任，通过关键词过滤、敏感词屏蔽等手段，净化网络空间环境，努力构建无传销网络。对出现的问题要及时约谈整改，经提醒拒不整改或整改不力的，要会同有关部门依法严肃处理。同时，要加强与互联网平台方的合作，引导平台企业履行社会责任，积极配合执法机关查处网络传销违法行为，全面铺开网络反传销宣传工作，助力执法机关网上网下打击传销工作。

各地工商和市场监管部门要加强横向之间及与平台企业的信息交流与互动，分享"无传销网络平台"创建经验心得，交流涉传打传信息，促进形成政企联合"以网管网"的群防群控态势，及时消灭和阻断网络传销信息传播的途径和载体，最大限度压缩网络传销发展蔓延的空间。

四、确定一批传销重点整治城市

经过多年打击整治，异地聚集式传销在全国范围内已经得到明显遏制，但在一些地区仍然顽固存在。根据2017年传销举报投诉情况，将廊坊、北海、南宁、南京、武汉、长沙、南昌、贵阳、合肥、西安、桂林市列为2018年传销重点整治城市。2017年已经取得较大成效的廊坊、合肥等城市要巩固已有成果，严防传销反弹。其他城市工商和市场监管部门要主动向党委政府汇报，尽快提升完善打击传销领导机制和工作格局，会同公安等部门采取果断措施，加大打击力度，扭转不利现状，务求取得突破。重点城市名单每年更新一次，总局竞争执法局适时对重点城市开展督导检查和验收，并根据情况对名单进行调整。对整治工作长期不见起效的城市可直接约谈党政主要领导，责令限期整改，并在一定范围内予以严肃通报批评。各省级工商和市场监管部门也可根据实际情况，确定本地区传销重点整治市（地、州）、县（区），开展督导整治。

五、完善部门间信息共享、协作查处工作机制

各级工商和市场监管部门要以提升共建共治共享的社会综合治理水平为目标，以今年全国公安工商机关网络传销违法犯罪活动联合整治工作为契机，加强与公安以及银监、金融、通信管理、网信管理、教育等部门的交流沟通，建立完善部门间信息互通会商制度，明确具体联系人，实行专人专责，定期不定期召集会议，开展分析研判，部署查处行动。对传销与集资诈骗等其他违法犯罪相交织的行为，一旦发现线索苗头，及时召集相关部门会议，研究定性，协调处置，加强联控严打。要加强对可能发生的群体性事件的分析研判和后续处置，努力消除部门壁垒，不断完善地方党委政府主导下的传销属地联防联控严打工作机制，落实联防联控严打传销的属地责任。

国家市场监督管理总局

2018年4月3日

《国家市场监督管理总局关于进一步加强直销监督管理工作的意见》

（国市监竞争〔2018〕8号）

各省、自治区、直辖市工商行政管理局、市场监督管理部门：

为适应商事制度改革带来的监管方式转变，做到在"放管服"改革大

背景下，维护直销市场秩序，促进直销市场规范健康有序发展，根据《直销管理条例》《禁止传销条例》及有关法律、法规、规章规定，现就进一步加强直销监督管理工作提出如下意见：

一、加强对直销企业、直销员及直销企业经销商、合作方、关联方的监管

（一）加强对直销企业、直销员及其直销活动的监管。各地工商和市场监管部门应按照《直销管理条例》等法律法规要求，加强对直销经营主体的监管，关注其是否获得直销活动区域许可，是否及时变更直销经营许可和企业登记注册事项等；加强对直销员招募活动的监管，关注招募主体、招募对象和招募广告内容是否合法，是否以交纳费用或购买商品作为发展直销员的条件；加强对直销培训活动的监管，关注直销培训员是否持证上岗，培训内容和方式是否合法；加强对直销经营活动的监管，关注退换货制度是否有效执行，直销产品是否超出产品核准范围，是否有夸大或虚假宣传及欺诈消费者等情形；加强对计酬行为的监管，关注计酬奖励制度是否合法，是否存在团队计酬等违法行为。

（二）加强对直销企业经销商的监管。各地工商和市场监管部门应加强对分销直销企业产品的经销商及各类经营主体的监管，督促直销企业对其经销商的经营行为进行指引和约束。应对辖区内直销企业的经销商的注册登记信息加强了解，关注其是否有固定经营场所，是否具有合法营业执照，是否与直销企业签订经销合同，是否在经营场所醒目位置摆放营业执照，是否在经营活动中遵守各项法律规定，保障消费者合法权益等。应充分运用各种监管手段，督促辖区内直销企业经销商不得从事直销活动，不得对产品进行夸大虚假宣传，不得以直销企业名义从事商业宣传、推销等活动，不得组织或参与传销。对有证据证明经销商的传销行为系按照与直销企业的约定或者由直销企业支持、唆使的，由工商和市场监管部门依据《禁止传销条例》的相关规定，处罚经销商的同时处罚直销企业。

（三）加强对直销企业合作方、关联方的监管。工商和市场监管部门应加强对与直销企业有合作协议关系的合作方、关联方的监管。如有合作方、关联方挂靠直销企业，打着直销企业旗号或借助直销牌照影响力从事传销，而直销企业提供支持、帮助、纵容或默许的，对合作方、关联方以从事传销活动进行查处的同时，对直销企业以为传销活动提供便利条件进行查处，情节严重的，对直销企业以传销共同违法行为人进行查处；如直销企业负责人为合作方、关联方违法活动站台、宣传或提供帮助、便利，又难以追究直销企业责任时，对该负责人个人追究为传销活动提供便利条件的责任或共同违法责任。

（四）加强对各类直销会议的监管。工商和市场监管部门应加强对直销企业及其分支机构组织召开的含有产品推介、营销方式、计酬制度、加入方式等内容的直销会议（包括但不限于研讨会、激励会、表彰会、产品推介会、业务沟通会、美容或者营养讲座等）及经销商组织的各种会议的监管。会议的内容不应存在夸大产品功效、夸大奖励回报等欺骗、误导的宣传和推销行为。

二、依法查处与直销相关的各类违法行为

（五）工商和市场监管部门应依法查处直销企业、直销员及其相关经营主体的下列违法行为：违反《直销管理条例》的违法行为；违反《禁止传销条例》的违法行为；违反《反不正当竞争法》《广告法》等其他工商和市场监管法律法规的违法行为。

（六）依法查处以直销名义从事的传销、非法集资等违法行为。通过各

种渠道及时掌握打着直销企业名义，欺骗、误导、引诱群众从事传销、非法集资等行为线索，发现违反工商和市场监管法律法规的，立案查处，发现违反其他领域法律法规的，及时移送。

（七）依法查处以直销企业名义从事的违法行为。对直销行业的新动向、新经营手法应保持关注，如发现非直销企业或团队挂靠直销企业，利用直销企业的产品、销售队伍、物流体系、结算平台等资源从事违法活动的，在对非直销企业或团队处以行政处罚的同时，对直销企业也要依法进行查处。

（八）综合运用工商和市场监管领域法律法规。工商和市场监管部门不仅要查处违法直销、传销等行为，如发现有虚假宣传、违法广告、违反企业登记注册等领域规定的违法活动，应综合、全面运用各项工商和市场监管法律法规，一并查处。

（九）充分运用现代化执法办案手段。工商和市场监管部门在查处违法活动时，应充分运用各项法律法规赋予的权限，充分运用各种执法办案手段，搜集证据。在违法行为发现环节，充分依靠日常监管信息、投诉举报信息，充分运用网络监测、大数据等手段；在违法证据搜集和固定环节，在注重传统办案方式的同时，充分运用电子数据取证、远程取证等现代化方式，固定核心证据。

三、建立健全直销监管工作机制

（十）分级分类监管机制。分级监管是指在工商和市场监管部门内部实行分级监管。主要内容是：整合监管资源，按管辖范围分级开展直销监管工作；构建与分级监管相适应的管理运行机制；建立健全分级监管的信息交换渠道，完善上下联动协调机制等。

分类监管是指对直销企业实行动态分类监管。主要思路是：科学分配监管资源，提高监管效能。根据各地实际，采取不同的分类监管模式。如基于直销企业、直销企业分支机构、服务网点、经销商等监管主体不同进行分类；基于直销企业守法等信用状况进行分类等。对守法、诚信记录较好、投诉举报较少的直销企业、分支机构、服务网点及经销商，在工作中保持关注；对违法行为多发、诚信记录不良或投诉举报较多的直销企业、分支机构、服务网点及经销商，在工作中要作为重点对象进行监管。

（十一）行政指导机制。及时掌握监管信息，加强行政指导。发挥网络监管便捷优势，登录国家市场监督管理总局打击传销规范直销信息系统、企业信息披露网站，查阅企业报备披露信息，处理举报投诉等，及时掌握有关直销企业的监管信息，建立以信息化手段为主的直销监管方式。针对直销企业经营中存在的不规范现象，采取行政提示、行政告诫、行政建议等多种方式，指导企业整改、规范。针对问题突出的直销企业，可采取集体约谈或个别约谈的方式，及时约谈企业负责人，提出警示，并给予相关的意见和建议，指导企业及时查找并解决存在的问题。

（十二）企业信息公示和"双随机、一公开"机制。直销企业的注册、年报、监管等信息，应及时在国家企业信用信息公示系统公示。在"双随机、一公开"工作中，对国家市场监督管理总局清单列明的直销抽查项目需认真检查，对清单未列入的直销抽查项目可根据工作需要决定是否进行检查。在检查中发现的重大问题，应及时调查核实，并依法作出处理。

（十三）宣传工作机制。在规范直销宣传工作中，应充分依托新闻媒体的力量，发挥直销企业能动性，在传统媒体和互联网、微信、App上，通过多种方式向社会公众宣传直销与传销的区别、直销监管制度、直销行业现状、直销热点问题、直销监管重点，提高社会公众认识，争取做到宣传覆盖面广、宣传有实效。

（十四）风险预警和化解机制。强化直销行业风险预警。对新批准的直销企业加强宣传、教育与指导；对举报投诉、案件等问题较多的直销企业及时提醒、告诫，避免出现违规经营所引发的群体性事件。各地工商和市场监管部门要逐步建立案件预警和风险评估制度，对可能引发群体性事件的案件，立案查处前要制定预案，防止出现导致社情不稳定的情况。

强化直销行业风险化解。对涉及直销企业的群体上访、信访、抗议、集会、静坐、示威等事件，应基于部门职责，对属于工商和市场监管职责范围内的事项，依法处理；对不属于工商和市场监管职责范围内的事项，耐心向群众解释，属于民商事纠纷的，引导群众通过诉讼方式解决，属于其他部门管辖的，引导其向有管辖权的部门反映，或将线索转交有管辖权的部门。各地工商和市场监管部门在发现群体性事件隐患或苗头时，应及时处理，防止扩大升级；在具体处理群体性事件时，应根据实际需要，采取各种方式应对、化解，妥善处置事件，化解风险。

国家市场监督管理总局

2018年4月8日

《国家市场监管总局关于开展查处以直销名义和股权激励、资金盘、投资分红等形式实施传销违法行为专项行动的通知》

（市监竞争〔2018〕9号）

各省、自治区、直辖市及计划单列市、副省级市工商行政管理局、市场监督管理部门：

近年来，部分直销企业为实现扩大销售业绩的目的，同意所谓的"直销团队、销售企业"挂靠，默认甚至指使其以直销名义或者以直销经营许可为幌子，以股权激励、资金盘、投资分红等形式从事传销违法活动，严重扰乱了直销市场秩序，损害了相关当事方和人员的合法权益，影响了社会和谐稳定。为此，按照2017年全国工商和市场监管工作会议精神，并根据全国公安工商机关网络传销违法犯罪活动联合整治部署会的要求，市场监管总局决定，从2018年5月开始，组织全国工商和市场监管部门开展查处以直销名义和股权激励、资金盘、投资分红等形式实施传销违法行为的专项执法行动。现将相关事项通知如下：

一、专项行动目标

以建立规范、健康、有序的直销市场为目标，对打着直销旗号以各种形式进行传销的违法行为开展专项查处行动，通过纠正、查处直销企业和挂靠的"直销团队、销售企业"的传销违法行为，引导直销企业敬畏、尊重法律法规，促进直销企业守法规范经营，保护公民、法人和其他组织的合法权益，维护良好的直销市场秩序。

二、专项行动内容和安排

（一）检查内容

各地工商和市场监管部门应重点调查掌握直销企业是否存在下列情形：

1. 直销企业与本企业以外的公司、销售团队、经销商等主体签订只能销售该企业产品的合同，或者通过合作、包销等形式形成了事实上的挂靠关系。

2. 直销企业或者其挂靠的公司、销售团队、经销商并非以销售产品为目的，而是以各种资本项目运作、投资返利分红、股票或者期权等为载体，以资金盘的形式运营。

3. 直销企业或者其挂靠的公司、销售团队、经销商在实施上述行为时，均是以该企业的名义、以直销经营许可证为幌子、以开展"直销经营"为借口，许以高额回报，引诱、哄骗相关人员参与。

4. 直销企业或者其挂靠的公司、销售团队、经销商在实施上述行为时，存在《禁止传销条例》第七条规定的传销违法行为或者第二十六条规定的为传销行为提供条件的违法行为。

（二）工作安排

专项行动的工作安排分为五个阶段进行：

1. 动员部署和线索收集排查阶段（5~6月）

印发专项行动通知，传达任务，进行动员部署。通过举报和投诉、信访接待、官方网站公众留言、直销企业的信息报备和披露、各类媒体的新闻报道、"双随机"抽查、市场监管总局转办或者交办的函件等途径发现违法行为的线索，并进一步认真梳理筛查，排查出具备立案条件的有价值线索。

2. 立案集中上报阶段（7月）

对于符合立案条件的应当及时立案，并将立案决定书的主要内容汇集后由县（区）级、地市级逐级上报省级工商和市场监管部门，7月底之前统一上报市场监管总局竞争执法局。案件管辖权如有争议，应依照《行政处罚法》《直销管理条例》和《工商行政管理机关行政处罚程序规定》的相关规定执行。

3. 依法调查处理阶段（8~10月）

依照办案程序和证据要求进行案件查办，依法作出行政处罚决定或者行政指导。对于以直销名义和股权激励、资金盘、投资分红等形式涉嫌传销违法行为的，应当同时严厉查处直销企业及挂靠公司、销售团队、经销商；对于涉及非法集资、诈骗等其他违法或者犯罪行为的，应当将线索移送至有管辖权的部门处理。根据工作需要，市场监管总局竞争执法局将根据情况适时对专项行动进行督查（督查另行通知）。

4. 督促企业整改阶段（11月）

对于在专项行动中依法查处、责令改正、予以警告的直销企业，应当检查其是否在规定期限内改正违法行为并消除不良影响；对于存在轻微违法行为不必立案查处的直销企业，应当及时进行行政指导，通过约谈、提醒、告诫等方式，督促其依法依规整改。

5. 总结通报阶段（12月）

各省级工商和市场监管部门认真梳理专项行动工作情况，总结提炼经验做法，于12月31日前将本地区开展专项行动工作总结（含经验做法、行动成效、存在问题及下一步打算）、违法典型案例（附行政处罚决定书及其电子版文件）统一上报市场监管总局竞争执法局。专项行动汇总情况将在全国工商和市场监管系统内通报。

三、工作要求和措施

（一）提高认识，精心组织，集中力量做好专项行动

近年来，工商和市场监管机关认真履行直销监管法定职责，依法查处了一批涉及直销企业的违法案件，产生了较好的社会影响。各地工商和市场监管部门要从保障市场经济有序运行、促进经济平稳较快发展的高度，统一思想，提高认识。在直销监管中要坚持"问题导向"的原则，继续把"执法办案"作为直销监管的重要手段，通过查办具体案件，震慑违法行

为，引导直销企业敬畏法律法规、尊重法律法规，促进直销企业规范经营，切实履行好监管职责。在专项行动中要切实加强组织领导，根据工作实际，及时制定具体工作方案，精心组织，周密部署，集中精力和骨干人员查办违法案件，以办案来强化直销监管工作，更好地树立行政执法权威，更好地促进直销市场规范健康有序发展。

（二）加强协作配合，形成执法合力

各地工商和市场监管部门要有"全国一盘棋、全系统一条线"的意识，对于市场监管总局统一部署的行动要积极落实，对于市场监管总局指定管辖的案件要认真执行（专项行动中将以指定管辖的形式安排一些省份查处全国范围内有重大影响的或者领导关注的违法案件），对于市场监管总局要求上报或者通告的案件查办情况要按时、保质保量地完成。要充分发挥部分省、区、市的工商和市场监管机关在直销监管中建立的区域性的协作机制的作用，实现对跨区域违法行为的一致行动、联合执法，形成信息共享、高效统一的执法合力。

（三）建立风险预警和化解机制，防止大规模群体事件发生

各地工商和市场监管部门对于涉及人员众多、有可能引发群体性事件的案件，立案查处前要制定预案，进行案件预警和风险评估，防止出现导致社情不稳定的情况；在发现群体性事件隐患或苗头时，应及早处置，防止扩大升级；在具体处理群体性事件的时候，可根据实际需要，采取各种方式应对、化解，妥善处置事件，化解风险。

（四）加大宣传力度，强化专项行动成果

各地工商和市场监管部门要充分运用多种宣传载体特别是互联网新媒体，及时宣传报道工作措施和阶段性成果，适时向社会发布相关预警提示和违法典型案例，深化专项行动的整体效果和社会影响。

（五）做好廉洁自律和保密工作

各地工商和市场监管部门要严格要求参与专项行动的人员，认真遵守有关廉政和保密的制度规定，不对外泄露案件相关的涉密信息，不与当事人进行任何非工作性质的接触，廉洁自律，规范执法，严守纪律。

国家市场监管总局

2018 年 4 月 23 日